基本を極める!

軟式野球

トップコーチの実戦アドバイスで
確実にうまくなる!

山本 健 監修
Takeshi Yamamoto

大泉書店

BALL

イントロダクション

改良新軟式ボールの秘密と特徴

縫い目	若干高くなって指のかかりがよくなった
ディンプル	ディンプル自体は小さくなったが、数が増えた
三角形	ディンプルのラインで結ばれたデザイン
大きさ・重量・反発	従来のものと同じ

直径 (mm) 72 ± 0.5
重量 (g) 136 ± 1.8
反発 (cm) 95 ± 10

* 軟式ボールにおける反発とは、150cm の高さから大理石板に落とし、跳ね返った高さを測定したもの。

55年振りのフルモデルチェンジ

軟式野球のボールと言えば、ゴルフボールのようなぼこぼこしたディンプルが最大の特徴だった。ところが2006年の夏、実に55年ぶりにフルモデルチェンジし、硬式ボールに近いデザインに変更された。その最大の理由は、全日本軟式野球連盟の「飛距離がもっと出る」が「弾み方は現状のまま」のボールをつくるというコンセプトで、それにそってメーカーがつくりあげたものだった。

約10パーセント飛距離が伸びた

ディンプルはボールに揚力を与

円周 (cm) 22.9 ～ 23.5
重量 (g) 141.7 ～ 148.8
反発 (cm) 139.6 ～ 144.7

* 硬式ボールにおける反発とは、13フィート（約 400cm）の高さから大理石板に落とし、跳ね返った高さを測定したもの。

硬式ボール

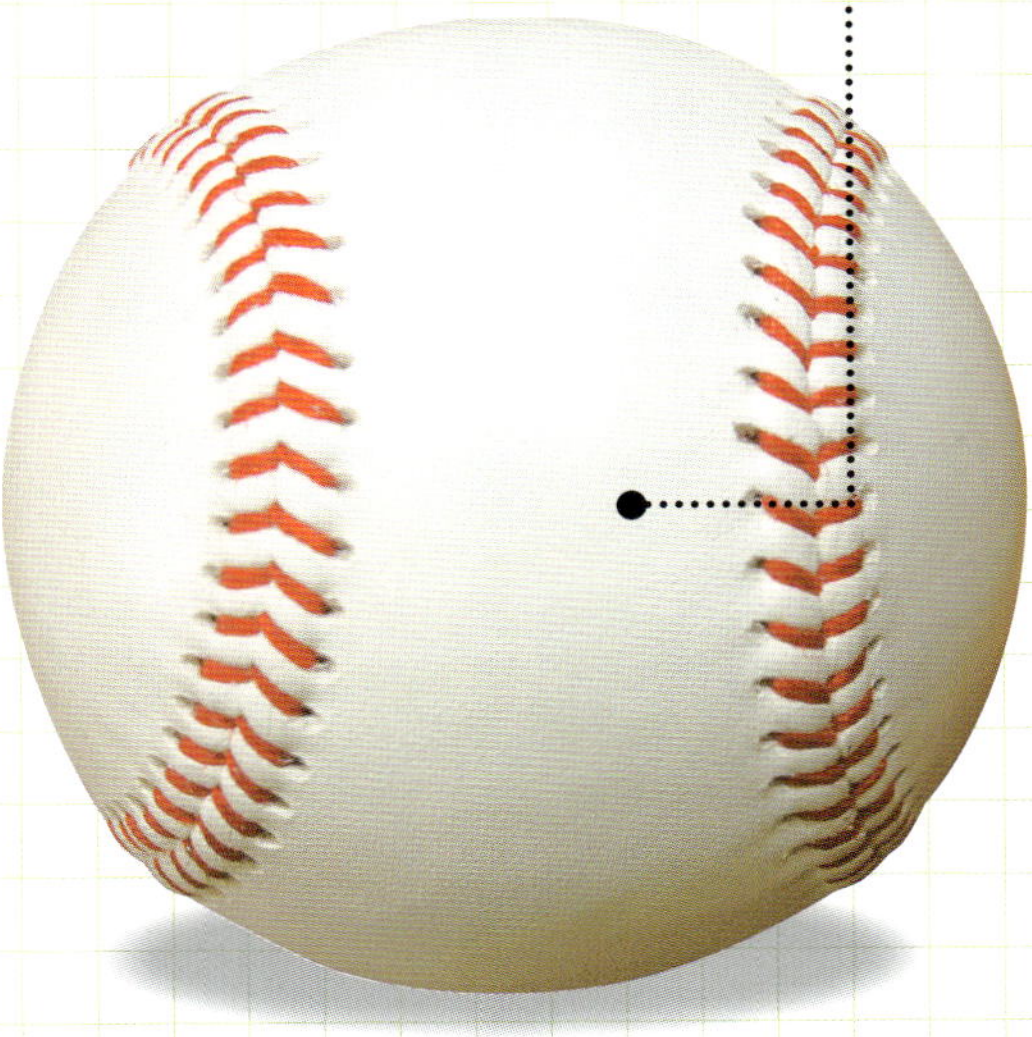

日本のプロ野球で使用されている硬式球は、コルクやゴムなどを芯にして糸を巻きつけ、それを牛革で覆い、縫い合わされてつくられたもの。原則として縫い目は 108 個と決められている。なお、メジャーリーグでの硬式球は、日本と比べて若干大きく重く、そして表面が滑らかで縫い目も高く感じられる。

従来の軟式ボール

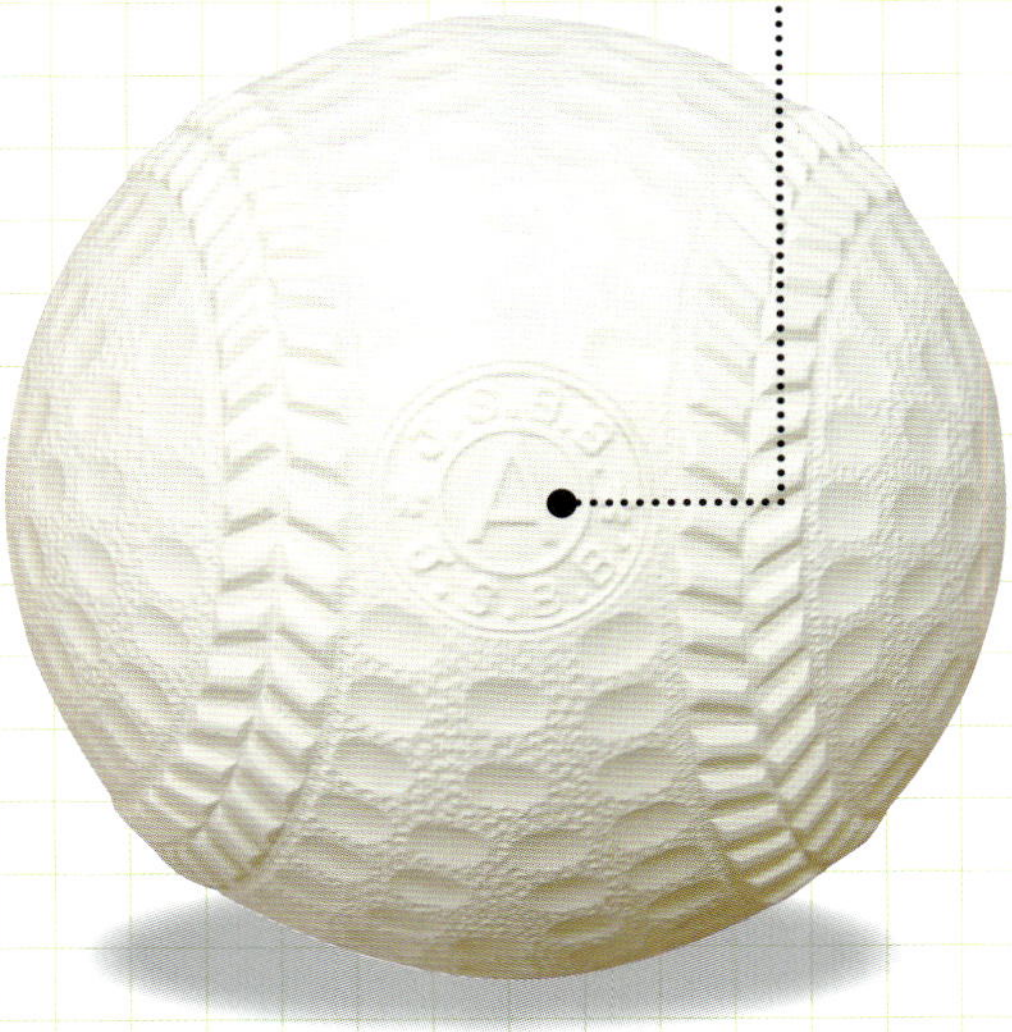

軟式ボールは大正８年に日本で考案された。昭和25年にディンプルを採用し、マイナーチェンジをくり返しながら、最終的にゴルフボールのような凸凹がある大きなディンプルになった。大きさ・重量・反発は新ボールと変わらない。

えて飛びをよくする効果があるが、現在のボールも小さいながらディンプルは残されている。そのため、守備における弾み方は以前と同じままで、硬式に近い飛距離（約10パーセントアップした）が望めるようになり、この点が打者にとってのメリットになっている。

変化球のキレがアップした

　さらに、変化球のキレがより大きくなり、野手も投げやすいという条件までクリアするためには、縫い目に当たる突起を高くする必要があり、それによって現在のようなデザインのボールになったわけだ。特にフォークボールやナックルなど無回転系のボールは以前よりも変化が大きくなり、この点が投手にとってのメリットになっている。

　こうしたことを踏まえて、技術解説でも軟式と硬式の違い、あるいはボールの改良による違いについても触れていこう。

基本を極める！ 軟式野球

CONTENTS

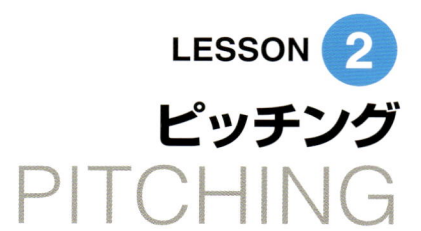

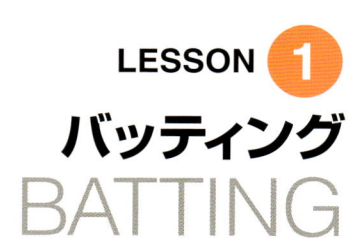

LESSON 3
フィールディング
FIELDING

BASIC

LESSON 4
ポジション別
POSITION

BASIC

LESSON 5

ランニング

RUNNING

BASIC

LESSON 1
バッティング
BATTING

バッティングのメカニズムを知ろう！

打球方向に向けてバットが伸びていくイメージ。

大きなフォロースルーはボールの押し込みが強い証拠。

インパクトで力を集中するためのスイング

バッティングのフォームは人それぞれ個性があり、教科書通りでなくても一概に悪いと言えないことも多い。しかしボールをしっかりミートするために、基本となるフォームはある。これから野球を始めようという人はもちろん、上級レベルでも基本に立ち返ることが必要なときもあるので、良いイメージを頭に刻みこんでおこう。

　バットの軌道を見ると、インパクトまでは最短距離で小さく、その後はバットのヘッドが大きく打球方向に伸びていく楕円形になっている。軟式ボールは硬式に比べて飛ばないため、大振りする人も多いが、新しいボールは飛びが良くなっているので、インパクトまでは小さなスイングを心がけよう。

スイングのイメージ START

1
ステップして重心移動することでスイング開始。
2
ボールに向けて最短距離でぶつけるようにヘッドを走らせる。
3
両手を握り込んでハードにインパクトする。

POINT CHECK!

インサイドアウトでボールをたたく

体のすべての力をバットに伝えてボールを前方へ運ぶには、インサイドアウトのバットの軌道が理想とされている。逆に、アウトサイドインの軌道でスイングすると、インパクトに向けてバットが遠回りすることになり、力が分散するだけでなく、振り遅れの要因にもなる。また、インパクト後の軌道が小さいと、ボールの押し込みが足りず、球威に負けてしまうので注意しよう。

インパクトまでは最短距離で、インパクト後は大きくボールを押し込むインサイドアウトのスイング。

リラックスして安定感よく構える

基本の構え

顔
首を回して両目でピッチャーを見る
背中
背筋を伸ばして、前屈みにならない
肩・腰・ヒザ
バッターボックスのラインと地面に平行
ヒザ
自然に軽く曲げてリラックス
重心
体の真ん中が基本。やや後ろ寄りでもOK
スタンス幅
肩幅よりもやや広くして安定させる

構えでバッターの力量が分かる

バッターボックスでの構えは、そのバッターの力量を図る目安になる。へっぴり腰のように腰が引けていたり、力が入ってガチガチな体勢では、そこでもう既に投手との対決は「負け」なのだ。打席ではスッと力が抜けた状態で、なおかつ自信に満ちた視線や構えをすることで、精神的優位に立ちたい。

バットを握るグリップや構えは、自然体が一番。自然体の構えとは、まったく力が抜けた「ゼロ」の状態ではなく、いつでも動き出せるような安定感がある構えのこと。バットのグリップも強く握りしめず、傘を持つくらいの感覚で軽く握るといいだろう。素振りをするときに、自分の姿を鏡で見ながらチェックしてみよう。

グリップの握り方 START

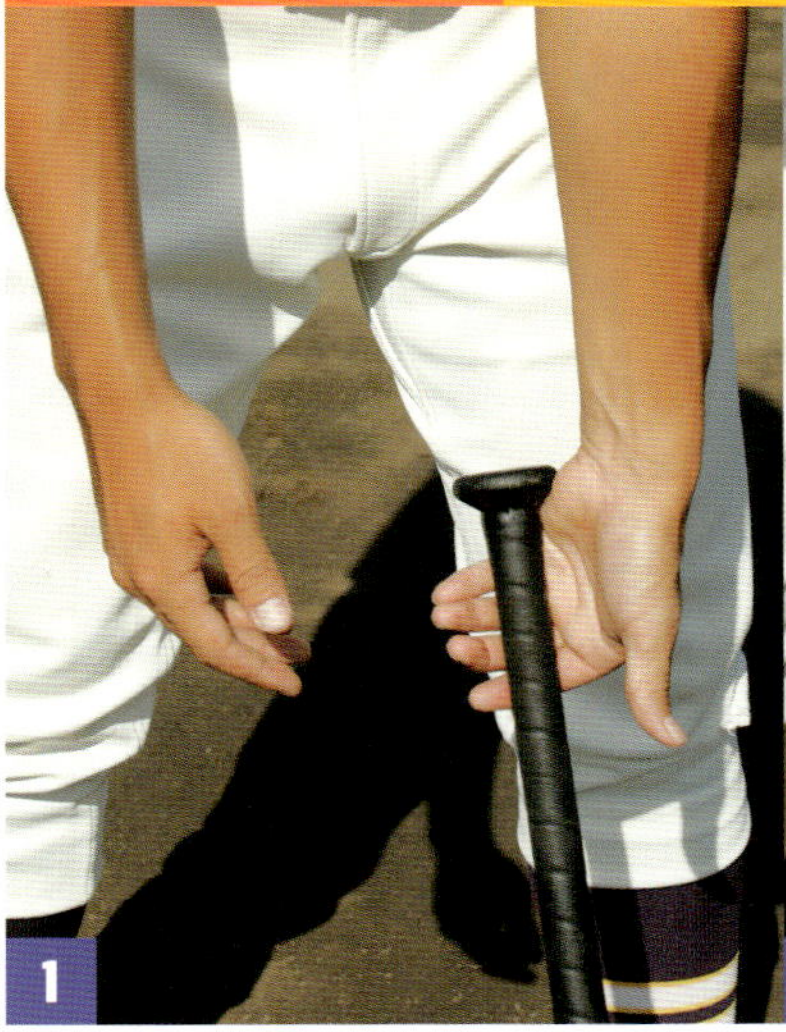

左手の手のひらをそえる。

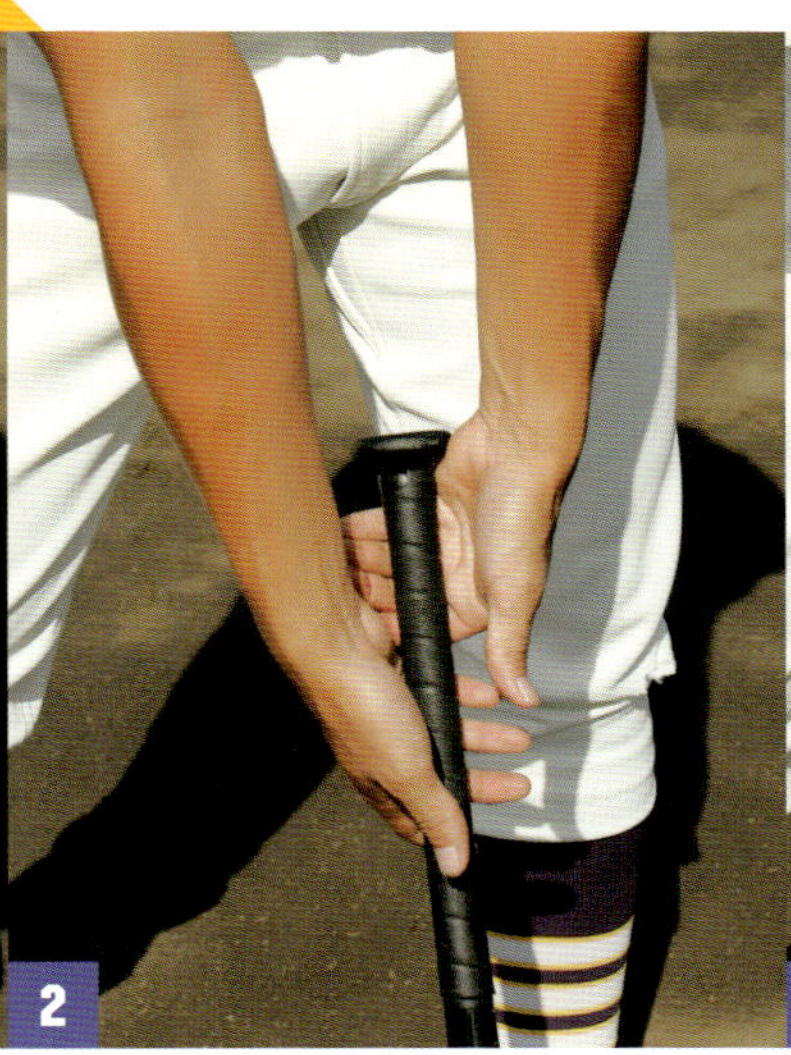

右手もそえて包み込む。

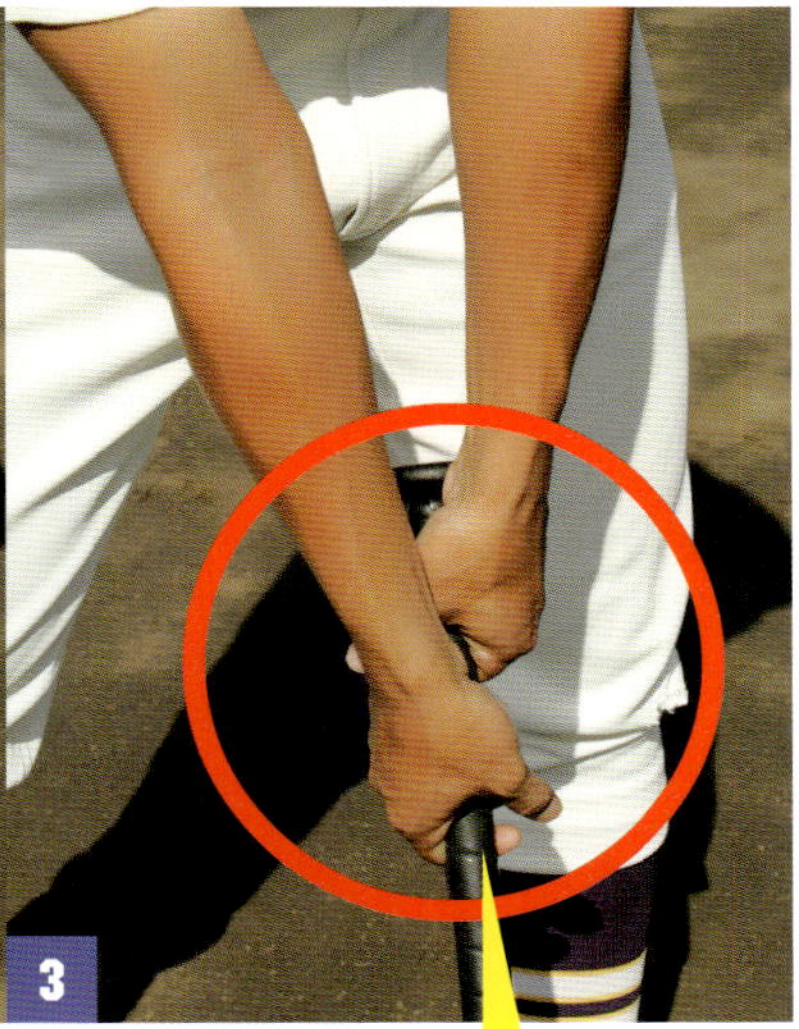

両手で軽く内側に絞る。

**タオルを軽く
絞るようなイメージ！**

左手をグリップエンドからどれくらい離すかは人それぞれ。一般的には、グリップエンドまで包むように握るのではなく、指１～２本分空けたほうが打ちやすい。

両小指に少し力を入れる！

POINT CHECK!

バットを軽く揺らす

実戦では、緊張感から気づかないうちに体に力が入ってしまうもの。そんなときは、バットを握って構えたあと、軽くバットのヘッド(先)を揺らしてみよう。揺らした際にヘッドの重みを感じることができたら、力が抜けている証拠。ヘッドを走らせてスイングすることがバッティングの基本になるだけに、この感覚を大事にしよう。

バットを揺らしてリラックスできているかをチェック。

BATTING

BASIC 3

打席の入り方

集中力を高め準備万端で打席に入る

バッターボックスへの入り方の一例

1
自信を持った歩き方で打席に向かう。
2
軸足となる右足の位置を決める。
3
左足位置を決めて地面をならす。
あわてず自分のペースで!

自分なりのルーティーンを見つける

　バッターボックスに入るときは、あわてずに自分のペースを心がけたい。練習ではすばらしいスラッガーでも、試合になるとさっぱり実力を発揮できない選手がいるが、これはほぼメンタル面での準備不足だろう。

　そんな場合は、毎回決まった動作(ルーティーン)で打席に入ることを日ごろから訓練し、集中力を高める方法を習得すれば、自分の力を発揮することができるはずだ。また、絶好球を見逃してしまったときなど、打席を外して素振りを1、2度すると同時にネガティブな考えを振り払うなど、自分なりの方法を見つけていこう。

4 両足の感覚を確かめながらバットを前方へ回す。

5 バットを戻してピッチャーを見る。

6 構えに入ると同時に気持ちもセットする。

一度息を吐いてセットすると力が抜ける！

LET'S TRAINING!

リラックスするための方法を身につける

レベルの高い選手ほど、打席の中で同じ動きをくり返すもの。テレビ中継などで注意してみて欲しいが、１球１球毎回同じ動きをしていることが分かるはずだ。これは、打席内でリラックスすると同時に、毎回気持ちをセットし直しているのである。あこがれの選手の真似をして、しっくりくるようなら取り入れてみるのもいいだろう。

肩を上下させる

息を吸いながら肩を上げ、ゆっくり吐きながら下げていくことで力を抜く。

背中を反らす

背中を反らして伸ばすことで、体がこわばってムダな力が入るのを防ぐ。

脇をしめる

インパクト時の腕の形を確かめるように、脇をキュッとしめて力を抜く。

すべてのコースにバットが届く位置に立つ

クセがない基本のスタンス！

スクエアスタンス

両足を結んだラインがセンター方向を向くスタンス。このスタンスでしっくりこなかったら、少しオープンか、クローズに微調整していく。

長所　もっともクセがなく、どんなボールにも対応しやすい。

短所　自分の能力を活かしきれなかったり、弱点の克服に困難なことがある。

スタンス幅は、肩幅より少し広めにすると安定する。狭すぎたり広すぎたりすると、スイングに向けて視線がブレたりパワー不足に陥るので注意。

クセのないスクエアスタンスから微調整

打席に入ったらまず軸足を決め、それからステップする足の位置を決めるが、この足の位置のことを「スタンス」と言う。ボックスの中であればどこに立ってもいいが、すべてのコースにバットが「無理なく」届く位置に立つことが大切だ。打席に入ったら、バットをホームベースのアウトコース角に置いて、バットが届く範囲を確かめてみるのもいいかもしれない。

　また、相手ピッチャーによってスタンスを変えて揺さぶりをかける方法もあるが、自分のバッティングができなくなる危険度が高いので、最初はスクエアスタンスから始め、自分に合うように微調整していこう。

クローズドスタンス

両足を結んだラインがライト方向を向くスタンス。

長所 最初から体を絞るような体勢なので、スイングに移行しやすい。

短所 肩が内側に入りやすく、インコースの対応に鋭い腰の回転が必要。

視野が狭く
なりやすいので注意！

オープンスタンス

両足を結んだラインがレフト方向を向くスタンス。

長所 首が回しやすく視界が広くなり、インコースへの振り抜きがスムーズ。

短所 体が開くぶん、しっかりとテイクバックしないと下半身の力が不足する。

肩まで開かない
ように！

POINT CHECK!

ステップ足は必ずピッチャーに向ける

スクエアスタンスはともかく、オープンやクローズドスタンスのときは、さらにオープン、クローズドとステップ足を踏み出さないようにしよう。どんなときでも、ピッチャー寄りの肩(右打者なら左肩)をピッチャー方向に向けている意識を持つといいだろう。

どんなスタンスからでも、ステップ足(左足)をピッチャー方向に踏み出す。

オープンからオープンに踏み出すと、アウトコースに届かない。

クローズドからクローズドに踏み出すと、インコースに腰が回せない。

テイクバックからステップ

軸足に体重を乗せて下半身を前方移動

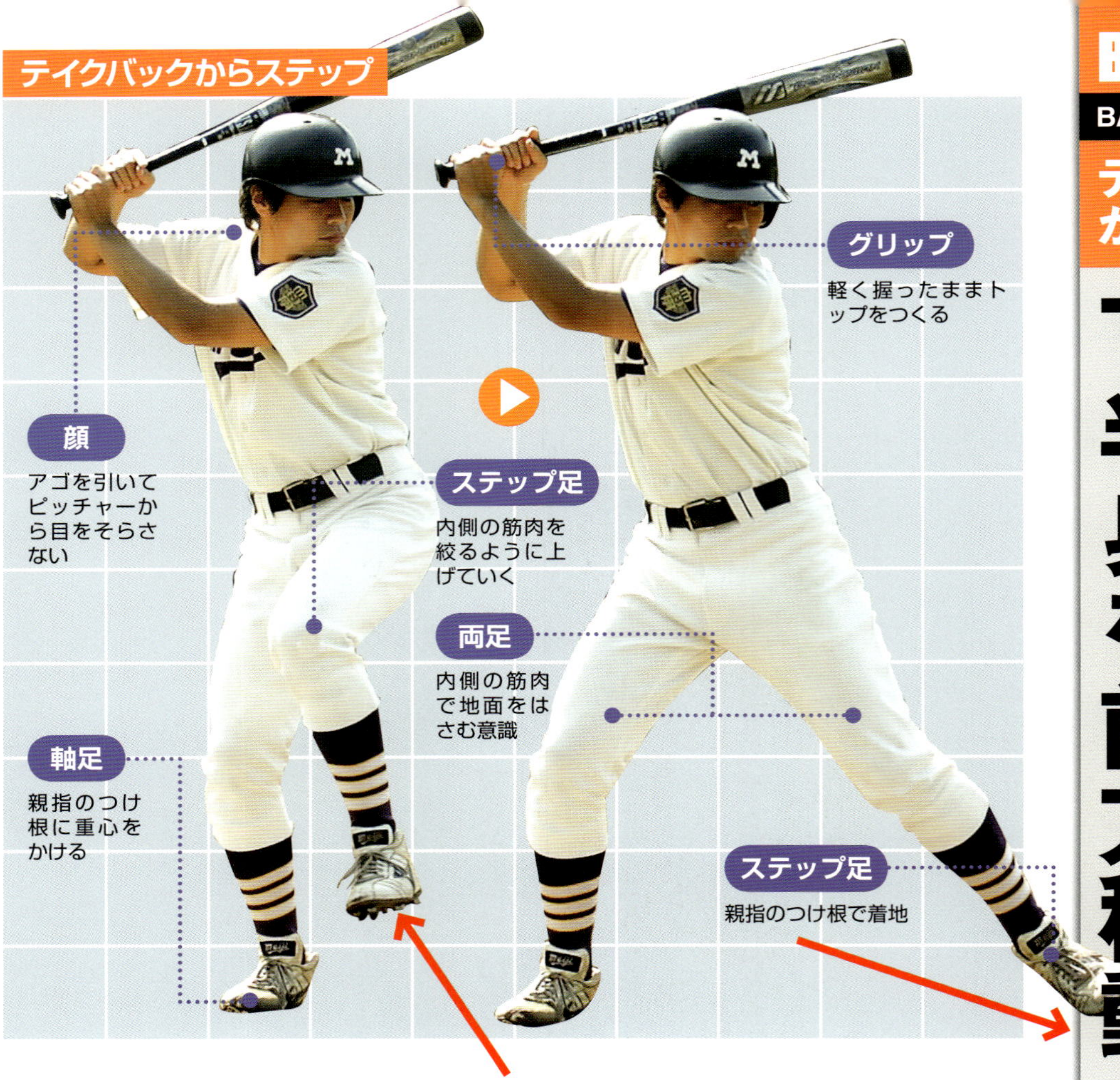
テイクバックからステップ
グリップ
軽く握ったままトップをつくる
顔
アゴを引いてピッチャーから目をそらさない
ステップ足
内側の筋肉を絞るように上げていく
両足
内側の筋肉で地面をはさむ意識
軸足
親指のつけ根に重心をかける
ステップ足
親指のつけ根で着地

テイクバックでためる、ステップで重心移動開始

構えの体勢から体をキャッチャー側にひねりながらパワーをためていく動作が「テイクバック」。この動きにより下半身を土台にパワーをどれだけためることができるかで、インパクトの破壊力に違いが出る。ただし大きなテイクバックばかり意識すると、動作が大きくなってスイングに遅れが出たり、目線の上下動でブレたりするので、あくまで自然に後方に引くように。

テイクバックで軸足の親指のつけ根に体重をかけることができたら、今度はピッチャーに向けての前方移動、「ステップ」を始めよう。ステップで注意したいのは、下半身と同時に上半身も前方移動させないこと。上半身を動かすのはギリギリまでがまんしよう。

POINT CHECK!

つま先をピッチャーに向けない

ステップでつま先をピッチャーに向けて踏み出すと、体が開いてせっかくつくった下半身の土台が崩れてしまうので、テイクバックで上げた足を踏み出すとき、足の裏のかかとからピッチャーに向かう意識を持ってみよう。そうすることで、自然と内側の筋肉が絞られ、パワーロスせずに下半身移動ができるはずだ。

つま先をピッチャーに向けて踏み出すと、体が開いてしまい、ためこんだパワーが逃げてしまう。

かかとを向けることで
パワーロスを防ぐ！

テイクバックで上げたステップ足の「かかと」から向かうように踏み出し、親指のつけ根で着地する。

LET'S TRAINING!

ピッチャーの足とリンクさせる

テイクバックからステップの動作では、ピッチャーの投球動作に対して「タイミングをとる」という重要な役割を持っている。投げるリズムはピッチャーによってさまざまだが、ピッチャーの足の動きと、自分のステップ足の動きをリンクさせる練習を日ごろから意識してやってみよう。

練習のしかた

1 投球動作に入ったところでは、まだ両足をつけて構えた状態。

2 ピッチャーが足を上げたら、それに合わせてステップ足を上げて軸足に体重を移す。

3 ピッチャーが左足を着地させるタイミングで自分もステップ足を踏み込む。

下半身のリードでスイング開始

ステップからスイング

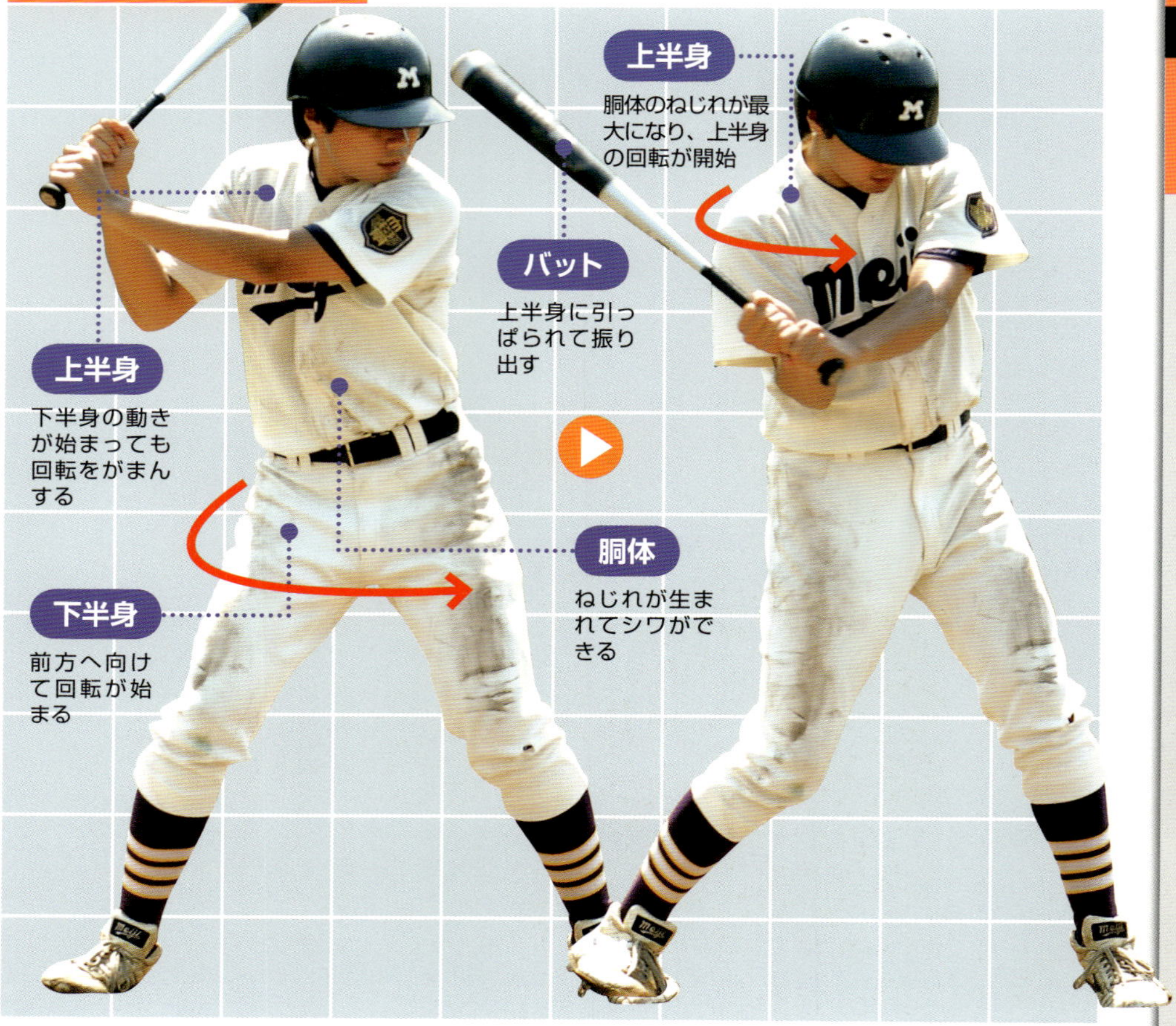
上半身
下半身の動きが始まっても回転をがまんする
下半身
前方へ向けて回転が始まる
バット
上半身に引っぱられて振り出す
胴体
ねじれが生まれてシワができる
上半身
胴体のねじれが最大になり、上半身の回転が開始

下半身→胴→肩→腕→バットの順に力を伝える

ステップをして下半身にパワーをためこみ、バットを強く振り出せる準備ができた状態を「トップ」という。このトップの状態からスイングが開始されるが、ここでもっとも大切なことが、下半身から胴、肩、腕と力を伝えてバットを振り出すこと。動きとしては、下半身、特に腰の回転が始まっても上半身の回転をがまんして、胴体の筋肉の「ねじれ」で自然にバットが出てくるイメージだ。この回転をがまんすることが「タメ」であり、タメの時間が長くなるほど「ねじれ」が大きくなるので、強く速いスイングになる。ベルトのバックル部分(へそのあたり)がピッチャー方向へ回転しているのに、どれだけ上半身が残っているかを見てみよう。

LET'S TRAINING!

体のねじれを体感する

上半身を「タメ」て体の「ねじれ」を生むといっても、ほんの1秒にもみたない瞬間の動きだけに、感覚的な部分がウエイトを占めることになる。そこで、トップの状態でバットの先をつかんでもらい、下半身を回転させているのに、上半身が残って体が「ねじれ」ていき、腕の力でバットを「振る」のではなく、上半身の引っぱりでバットが「振られる」動きを体感してみよう。

練習のしかた

後方でバットの先をつかんでもらい、下半身を意識して回転を始める。

上半身が後ろに残ることで胴体が「ねじれ」、ギリギリで手を離してもらう。

タメをつくるほど、ボールの見極めがよくなる！

体のタメができると、スイングスピードが速くなるほか、上半身がブレないためにボールをじっくりと見極められるメリットもある。

POINT CHECK!

すべての基本は下半身

あたり前のことだが、人間は大地に立っている。スポーツ、大きくいえば体を動かすことに関しては、すべて大地と接触している下半身が基本になって力が生み出されている。上半身の力だけに頼る「手打ち」は力も出ず、体のバランスを崩してしまうのは、下半身の力をうまく使っていないから。バッティングに限らず、すべてのプレーにおいて、地面と接触している足、そして下半身をつねに意識して動くようにしてみよう。

全身の回転でスイングスピードを最大に

インパクト

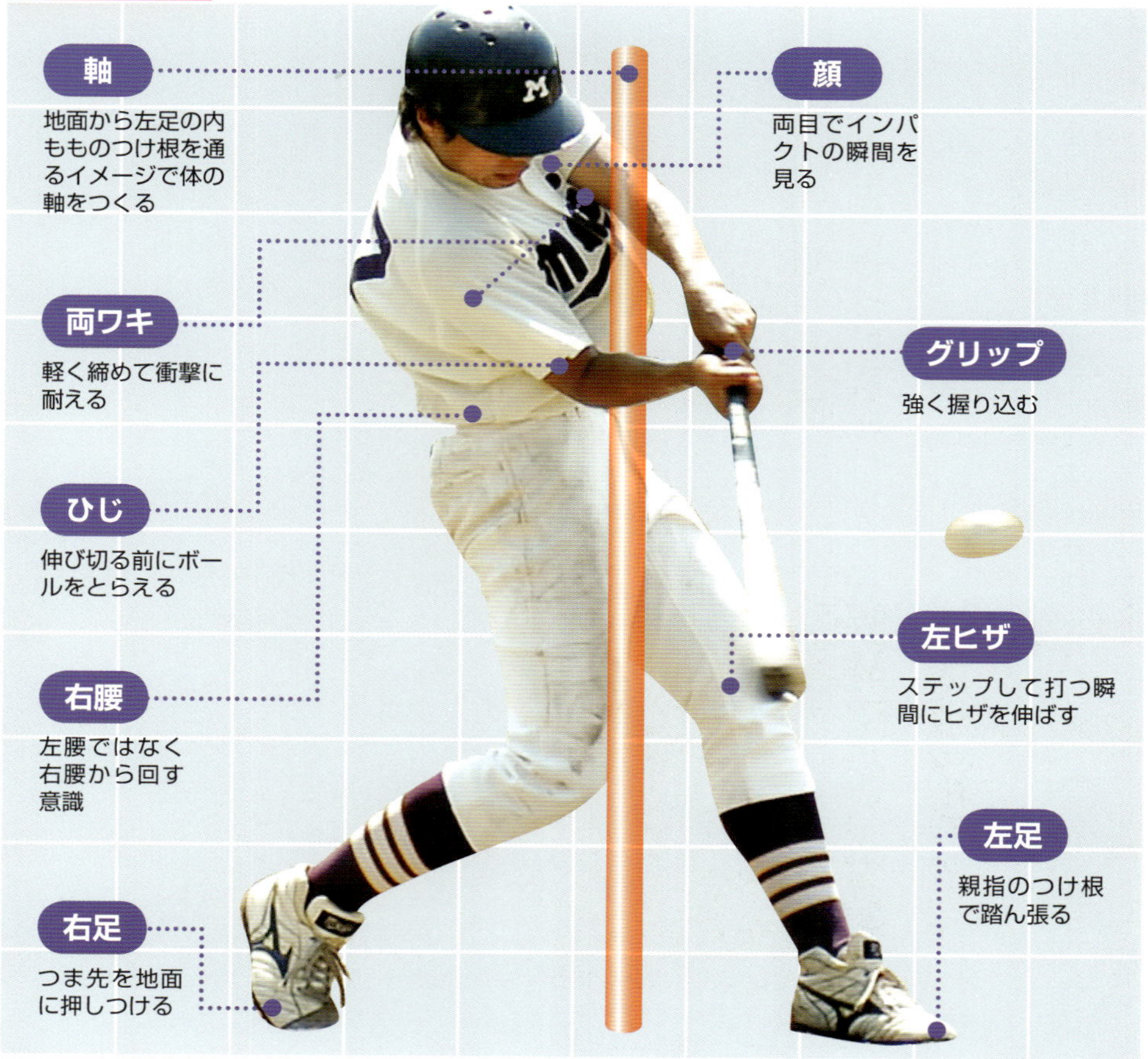
軸
地面から左足の内もものつけ根を通るイメージで体の軸をつくる
顔
両目でインパクトの瞬間を見る
両ワキ
軽く締めて衝撃に耐える
グリップ
強く握り込む
ひじ
伸び切る前にボールをとらえる
左ヒザ
ステップして打つ瞬間にヒザを伸ばす
右腰
左腰ではなく右腰から回す意識
左足
親指のつけ根で踏ん張る
右足
つま先を地面に押しつける

ためたパワーを一気にボールにぶつける

テイクバックでためたパワーを、体の回転を使って最大限に引き出し、バットのヘッドスピードを最速に高めて一気にボールにぶつける。その瞬間が「インパクト」だ。ボールをハードヒットする（強くたたく）ためには、腕の力だけでスイングするのではなく、ヒザ、腰の回転など全身の動きを最大限に使うことが大切だ。

また、速いボールに負けないためには、インパクトまで最短距離でコンタクトするスイングの軌道と、インパクトでの強い形が必要だ。ボールをしっかり呼び込んで、腕が伸び切らない状態でとらえる「懐の深い」インパクトを心がけよう。

LET'S TRAINING!

マシンガンティーで スイングスピードを上げる

全身のパワーを使って最大のスイングスピードを生むことがインパクトでは絶対不可欠だが、ポテンシャルとしての筋力が欠けていてはどうにもならない。バットを振る筋力を養うには、やはりバットを振る数をこなすことも必要になる。マシンガンのように何度もボールを打ち込むティーバッティングでその筋力を養おう。

トップの状態で構えてボールを待つ。

懐までボールを呼び込んで打ち込む。

フォロースルーをしっかりととる。

バットを顔の前で回して再び構える。

練習のしかた

ボールを10～15球用意し、投げ手が間髪入れずにトスしていく。バッターは気を抜かずにボールを正確に打ち込む。

バスターの動きでスイングの確認

1 バントの構えをして、そこがインパクト位置であることを確認。

2 バスターの動きでバットを引いた位置がトップの位置であることを確認。

3 バットを引いた軌道と同じ軌道で振ってスイングを確認。

インパクトまで最短距離の軌道！

インパクトの位置や自分のスイングの軌道を把握していないと、ボールを前でとらえようとしたり、スイングが「アウトサイドイン（ドアスイングとも言う）」で遠回りしてしまう。

ひじを伸ばして遠くへボールを運ぶ

フォロースルー

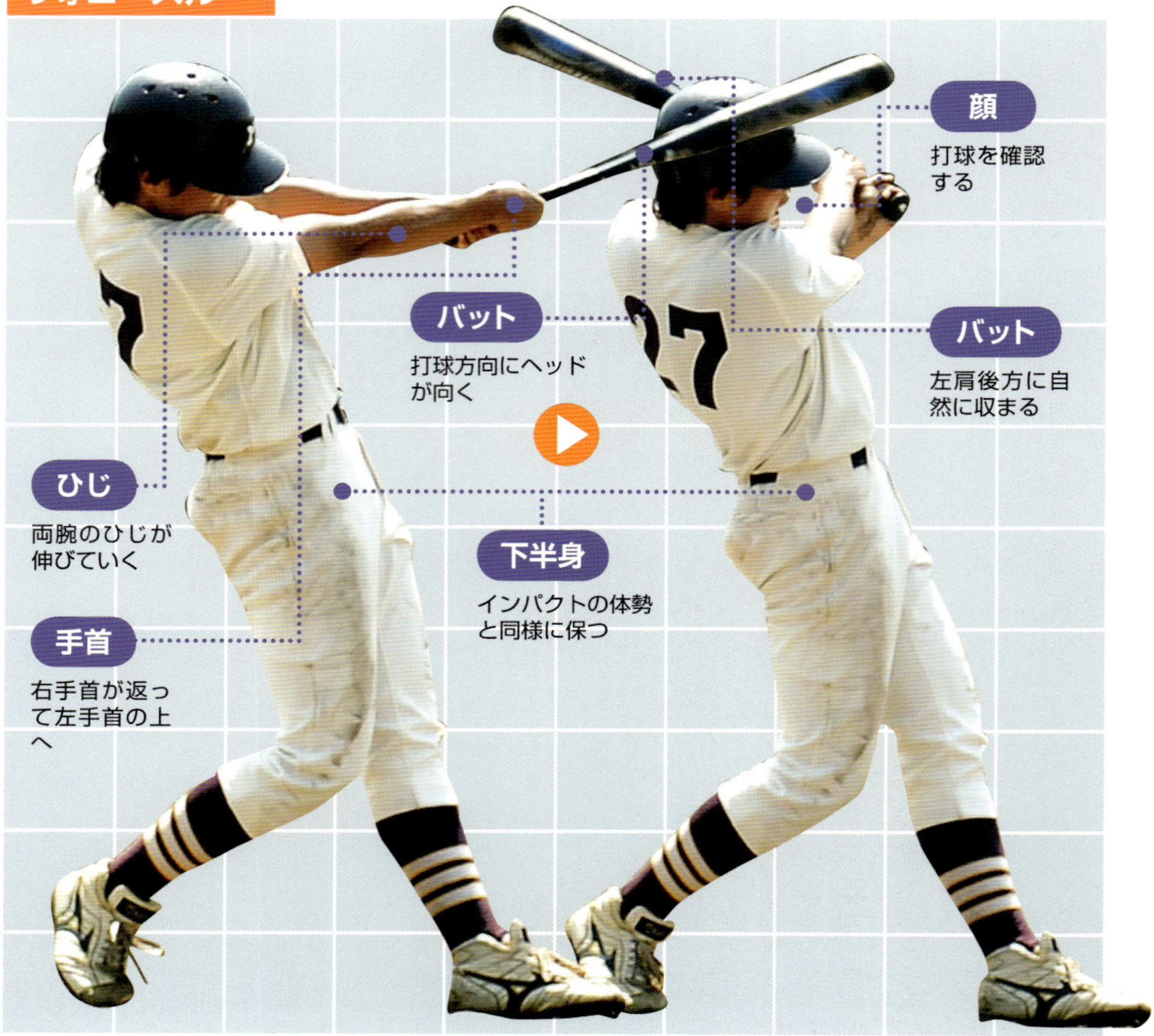
顔
打球を確認する
バット
打球方向にヘッドが向く
バット
左肩後方に自然に収まる
ひじ
両腕のひじが伸びていく
下半身
インパクトの体勢と同様に保つ
手首
右手首が返って左手首の上へ

バットのヘッドを打球方向に向けるように

「フォロースルー」とは、インパクト後のスイングのフィニッシュの形なので、ボールの飛距離などとは直接関連がなさそうに思える。しかし、大きなフォロースルーを意識するのとしないのとでは、インパクトでボールがつぶれる割合の高い軟式ボールを前方へ押し込む力に明らかな違いが出ることを覚えておこう。

　バッティングのスイングの軌道は、体を軸にして正円を描くものではない。テイクバックからインパクトまではひじが曲げられた状態で、フォロースルーで大きく伸ばしていく、「インサイドアウト」の楕円形の軌道になるのだ。バットのヘッドを打球に向けていくような、大きなスイングを心がけよう。

POINT CHECK!

手首をこねない

打球に伸びがないときは、ボールの押し込みが弱い場合が多い。手首を早くこね(返さ)ずに、ボールがバットに一瞬くっつくようなイメージを持って押し込みを長くしてみよう。

手首をこねてしまうと、ピッチャーの球威に押されて打球が伸びない。

インサイドアウトのスイングで、インパクト後にバットが打球方向へ吹っ飛ぶような意識があると、遠くへボールを運べるはずだ。

LET'S TRAINING!

ロングティーで打球を確認

ティーバッティングの延長線上にあるロングティーは、ネットに向けて打ち込むのではなく、外野にまで飛ばすことで、自分の打球の速さ、軌道などを確認することができる。バットのヘッドを走らせ、打球方向に伸びていくようなフォロースルーを目指そう。

練習のしかた

ティーバッティングのフィールド版と考える。ホームラン競走ではなく、ライナー性の打球を心がけて打ち、1球1球、バッティングフォームや打球の軌道などを確かめる。

打球を確認することで、バッティングのフォームを確立していく。

ミートポイントを変えて打ち分ける

ミートポイントの違い

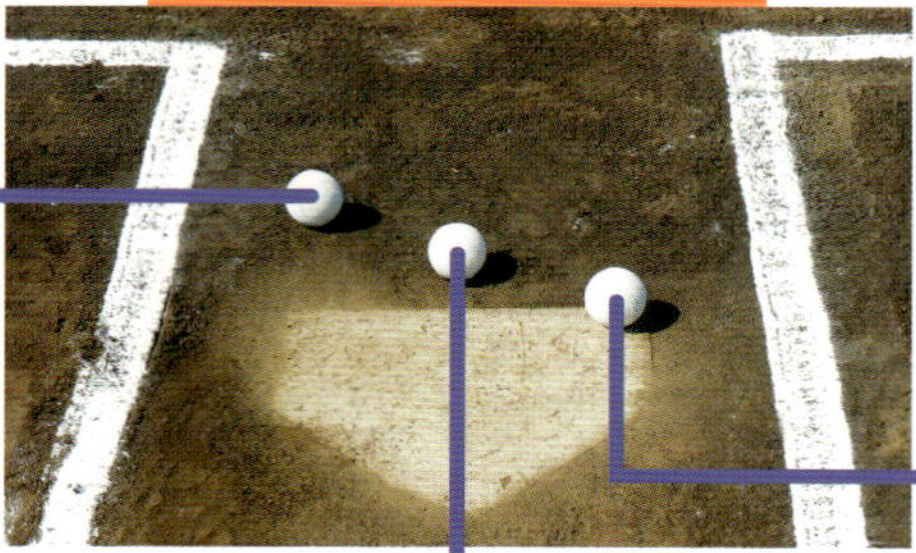

右バッターの場合、インコースから真ん中、アウトコースと、ミートポイントを少しずつ後ろへ引くことで、インパクトに向けてバットの芯が角度よく入れることができる。

インコース

インコースはボールを呼び込み過ぎると窮屈な体勢になるので、前寄りのポイントでとらえる。よく言われる「ひじをたたんだ」形だ。

真ん中

真ん中のボールは、前側のヒザから腰あたりでとらえるのが基本。ミート主体でセンター方向か、強くたたいてレフト方向に引っ張る。

アウトコース

アウトコースのボールを前でとらえると、バットの先端にしか当たらない。しっかり呼び込んでヘソの前あたりでとらえ、ライト方向に流し打つ。

インコースは前で　アウトコースは後ろで

基本的には、どんなコースにボールが来ても、バッティングフォームを大きく変える必要はない。ただし、ひとつだけ明らかな違いがあるのは、ボールをインパクトする位置、つまり「ミートポイント」を変えるということ。

　例えば、内角のボールに最短距離でバットの芯をぶつけるには、なるべく前（ピッチャー寄り）で、腰の鋭い回転を使ってコンパクトなスイングを心がけたい。逆に外角のボールは体から一番遠くを通るので、なるべく後ろ（キャッチャー寄り）まで呼び込んで素直に流し打つのがセオリーだ。真ん中はもちろん、内外角の自分のミートポイントを把握することが、高打率への近道になると覚えておこう。

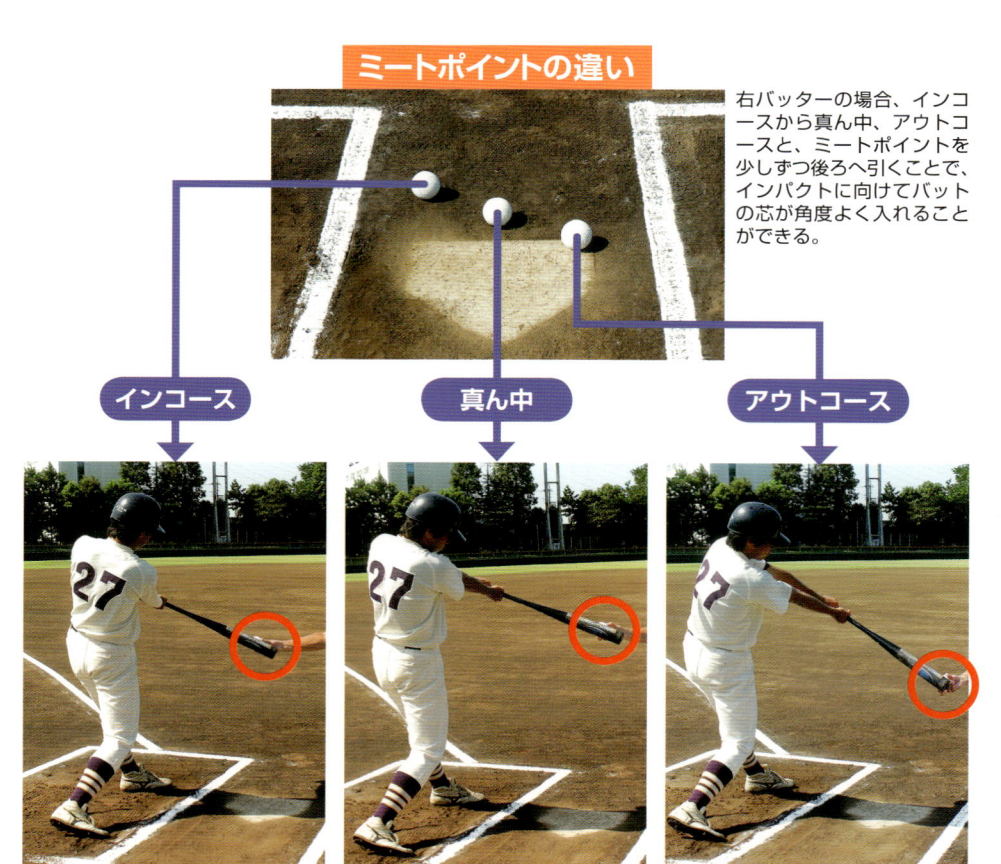

POINT CHECK!

インコースは腰の回転で打つ

インコースは体に近いコースで、合わせるにはバットの回転半径が小さくなり、強いインパクトがしにくい。うまく打つためには、腰の鋭い回転が必要。腕だけで振ろうとせずに、腰の回転でバットを引き出す。ひじを無理に伸ばそうとせず、たたんでミートすることも大切だ。

鋭く腰を回転する!

鋭い腰の回転でバットを引き出せば、スイングスピードが上がってライナー性の打球を打つことができる。

LET'S TRAINING!

ペッパーでコースを打ち分ける

7、8mの近い距離からボールを投げてもらい、ボールをミートして投げた相手に打ち返す練習がペッパー(トスバッティングとも呼ぶ)。通常は投げ手と打ち手の2人で行うが、投げ手の左右にも守備がつき、ボールのコースによって打ち分けてみよう。

練習のしかた

1 左右に守備がつき、投げ手は上手で軽く投げる。

2 打ち手はコースを見極めて軽くミートする。

3 コースによって打ち分けるフォームを確認する。

POINT CHECK!

アウトコースはしっかり押し込む

アウトコースは体から一番遠いコースで、当然ボールも遠くに見える。自分のリーチ(腕の長さ)と立ち位置を考え、無理なくバットが届くようにしたい。また、バットを伸ばして合わせにいかず、ボールを呼び込んでから「おっつける」ようにグリップを残してボールを押し出そう。

手首の返しを遅くする!

ボールをギリギリまで呼び込み、インパクトで手首を残す意識を持って右方向へ押し込めば、ラインドライブの打球を打つことができる。

高めのボールは前寄り、低めのボールは後ろ寄りで

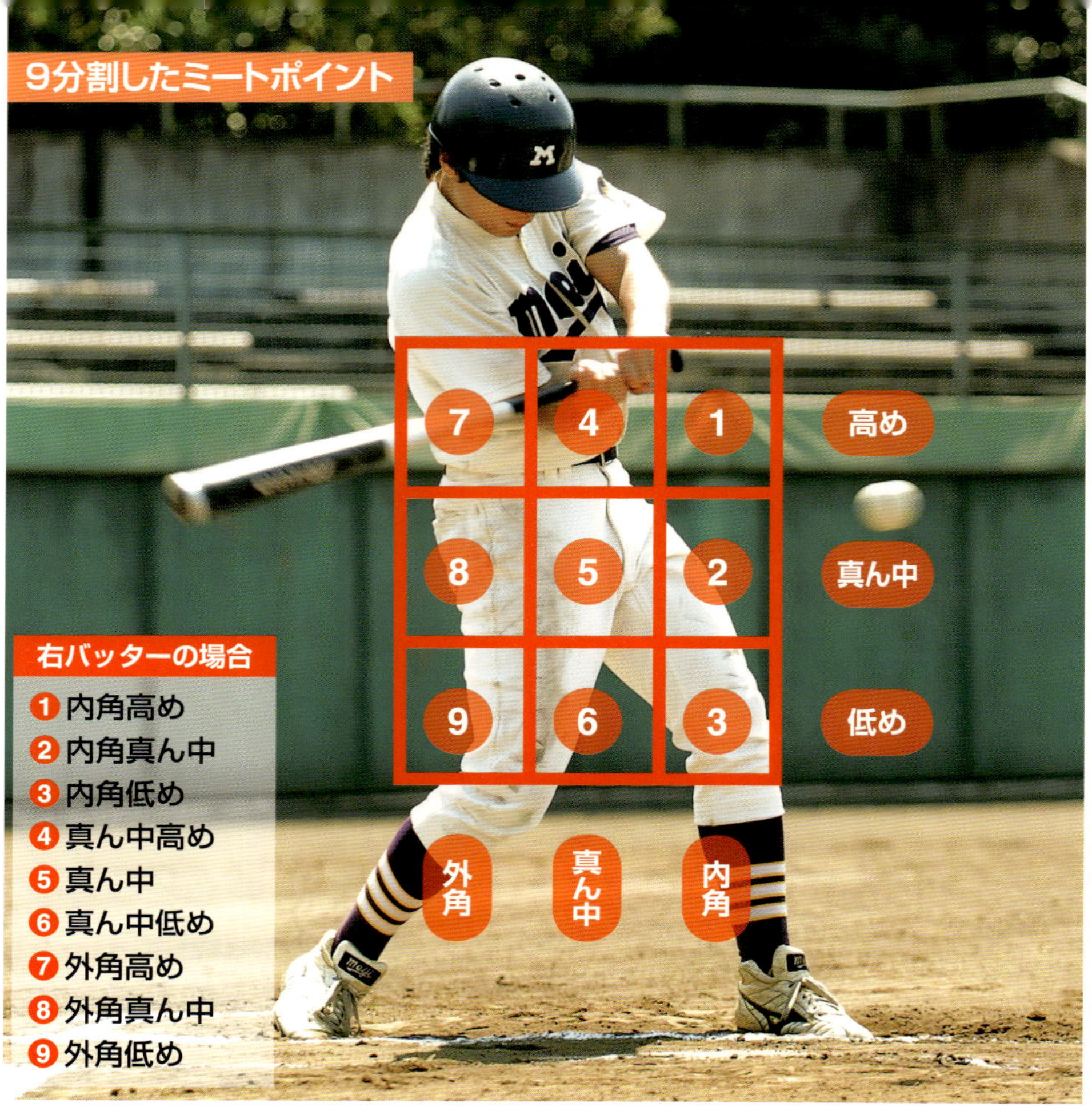
9分割したミートポイント
7
4
1
高め
8
5
2
真ん中
9
6
3
低め
外角
真ん中
内角
右バッターの場合
1 内角高め
2 内角真ん中
3 内角低め
4 真ん中高め
5 真ん中
6 真ん中低め
7 外角高め
8 外角真ん中
9 外角低め

9分割したストライクコースで確認しよう

打席ではコースの内外とともに、高いボール、低いボールという高低にも対応する必要がある。コースが同じ真ん中とした場合、高めのボールは前寄りで、低めのボールは後ろ寄りでミートしよう。逆に、高めのボールを後ろでとらえると、かなり腕力がないと振り遅れることになり、低めのボールを前でとらえると、上体が突っ込んで泳いでしまうことが多くなる。

もちろん前ページで紹介したコースの左右によるミートポイントの違いもあるので、同じ高めのボールでもインコースなら前寄り、アウトコースなら後ろ寄りでとらえることになる。踏み込みの幅で調節も可能だが、あまり極端に変えないほうがいいだろう。

低めのボール

ボールを懐に引きつけるように後ろ寄りでとらえることで、押しつけるバッティングができる。

前寄りでとらえると上体が前に突っ込んで泳いでしまうので、球威に負けてしまう。

高めのボール

ポイントを後ろ寄りにすると球威に負けて振り遅れがちになるので、やや前寄りでとらえる。

高いボールをワキが開いた状態でとらえると、力が入らずに球威に負け、強くたたくことができない。

POINT CHECK!

線と線でとらえる

ミートの確実性を上げるためには、ボールとバットの軌道を「線と線」で合わせることが大切だ。極端なダウンスイングやアッパースイングでは、ボールの軌道の「線」とバットの交わる部分が「点」になり、「まぐれ当たり」を期待するしかなくなってしまうので注意しよう。

ボールとバットの軌道を「線と線」で合わせるスイングで、確実性を上げるバッティング。

「上からたたく」という言葉は、大根切りを意味しているのではない。あくまで意識として理解すること。

一見豪快なスイングに見えるが、極端なアッパースイングはミートの確率が低くなる。

ランナーを進めることを第一に

バントの構え方

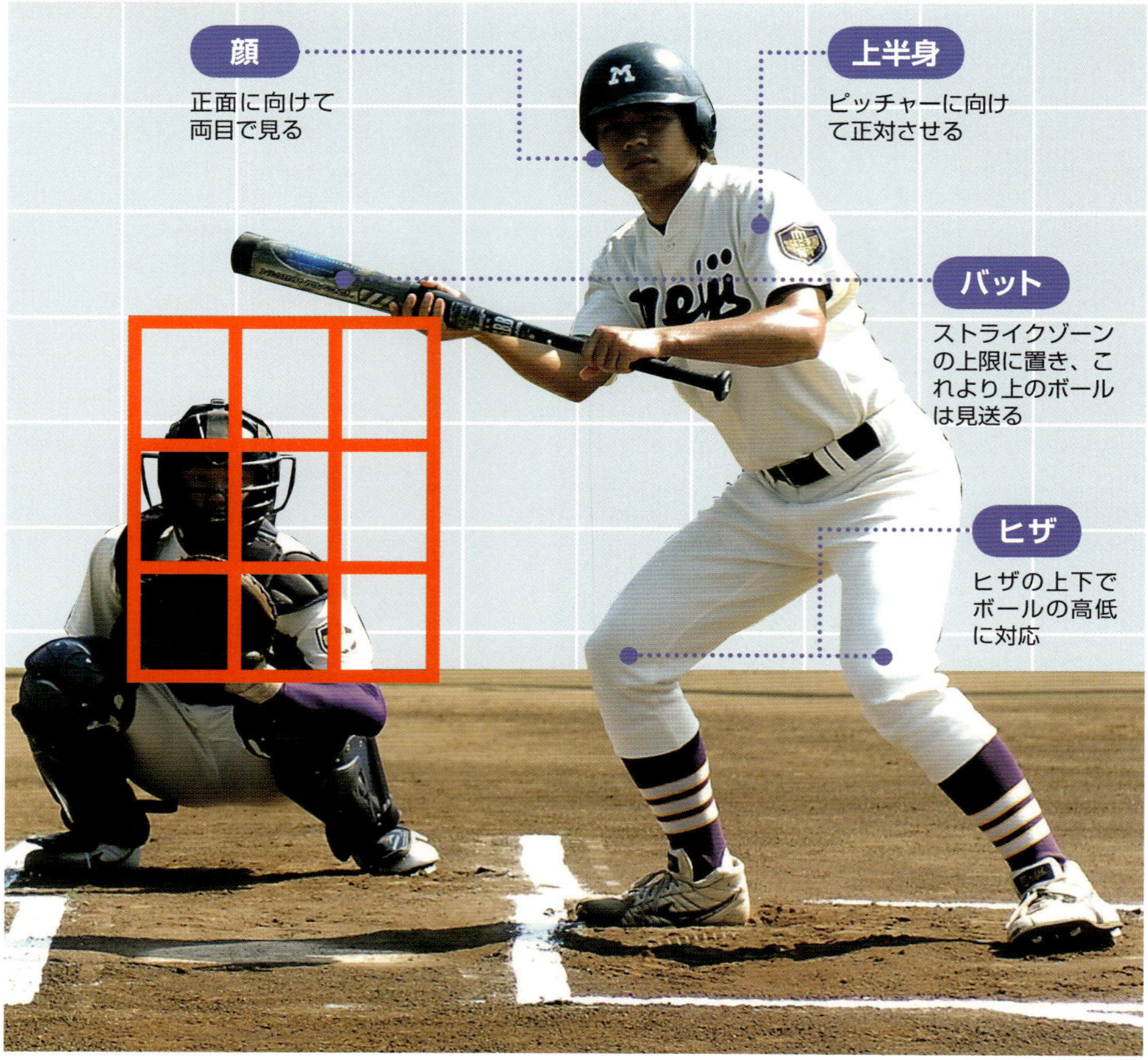
顔
正面に向けて両目で見る
上半身
ピッチャーに向けて正対させる
バット
ストライクゾーンの上限に置き、これより上のボールは見送る
ヒザ
ヒザの上下でボールの高低に対応

確実にフェアゾーンに転がす

送りバントは犠牲バントともいい、自らを犠牲にして塁上のランナーを進塁させ、得点のチャンスを広げること。自分も出塁したいという気持ちをおさえないと、必ず体のバランスが崩れるので、バントに集中することが大切。もちろん、バント後は全力で一塁へ駆け抜け、内野陣にプレッシャーをかけることも忘れないようにしよう。

　バントで多いファウルでの失敗例は、やはりボールから早く目をそらしてしまうことが原因だ。打球が転がるまできっちり確認してから走り出すことがポイントになる。また、バントも普通のバッティングと何ら変わりはなく、ピッチャーの動きと自分の動きをリンクさせてタイミングをとろう。

送りバント

目線の中にバットとボールを入れる。

上半身で左右のボールに対応。

バットを軽く引く！

バットを軽く引いてボールの勢いを殺す。

打球方向

下半身を固定したまま、上半身だけ角度を三塁や一塁方向に向けることで、打球方向を調節する。

打球方向を確認してから一歩目を出して走り出す。

POINT CHECK!

ホームベースの前でバントする

送りバントに求められることは、確実性だ。フェアゾーンにしっかり転がすには、バッターボックス内での立ち位置がポイントになる。右打者ならホームベースと三塁線を結んだ線上に立ち、ホームベースより前にバットを出して角度よく打球を転がそう。

ホームベースの前でバントすることで、フェアゾーンに打球をおさめやすくなる。

後方に立つと、ファウルゾーンに転がる可能性が高くなる。

相手の意表を突いてヒットにする

左バッターのセーフティーバント(ドラッグバント)

2 投球と同時に左手を上にずらしてバントの構えに切りかえる。

1 普通にヒッティングの体勢で投球を待つ。

一・三塁線のラインギリギリを狙う

ヒッティングの体勢から、ボールをとらえる瞬間にバントしてヒットをねらうテクニックがセーフティーバント。相手の意表を突くことがポイントで、特に左バッターの場合、一塁ベースまでの距離が近い利点を生かすためにもぜひマスターしておきたい技術だ。右バッターの場合でも、サードの守備位置が深かったり、バントへの警戒心が薄いときに行えば効果的。

セーフティーバントでは一塁線、三塁線の際どいところをねらい、捕手と野手の中間に転がすことが必要になる。ファウルになっても打ち直せるという意識でライン際ギリギリをねらい、前傾姿勢でスタートダッシュしよう。

5
4
3
バットに角度をつけて
一塁線に転がす！

バットの先のほうで、ボールを引っかける意識で転がす。

前傾姿勢のままスタートダッシュを切る。

一塁に近い左バッターの特性を生かしてスピードに乗る。

右バッターのセーフティーバント

体重を前にかけて
転がす！

右バッターの場合は、特にサードの守備位置が深いときに三塁線をねらって転がすと効果的。体重を前にかけて、すばやく走り出せる体勢でバントすることがポイントだ。

三塁ランナーを確実にむかえ入れる

スクイズバント

高めのボール
腕を伸ばして立てたバットに当てる
視線
ボールから目を外さない
高めにウエストされても、バットを下から突き上げず、腕を十分に伸ばして転がすこと。フライにせず、最悪でもファウルにすれば打ち直せる。
下半身
柔軟に保ってどんなコースにも対応する
両足
バットにボールが当たるまで打席から出さない

どんなボールに対しても食らいつく

ランナーが三塁にいるケースで、投球と同時にランナーがスタートを切り、バッターがバントしてランナーを返す戦術がスクイズバント。サインによって行うが、少ないチャンスを生かして得点するための重要な戦法だ。

送りバントやセーフティーバントは、ボールがストライクゾーンに来た場合にのみ行うのが基本だが、スクイズでは警戒したピッチャーが高めにウエストした場合でも、ボールに飛びついて当てることが絶対不可欠。フライになるとダブルプレーになってしまうので、とにかく当てて、ボールを転がすことに全神経を集中する。ただし、足がバッターボックスから出るとアウトになるので注意しよう。

スクイズバントの流れ START

1

ランナーがスタートを切ると同時にバントの構えに移る。

2

目とバットの位置を近くしてボールを見る。

ボールを押さえつけて
転がす！
3

外角にボールを外されても、ボールに飛びつく勢いで転がす。

4

自分がセーフになることは考えず、転がした後に走者の意識に切りかえる。

POINT CHECK!

下半身でバントする

バッティングと同様にバントも下半身が基本になる。柔軟に保ち、どんなコースにも対応できる「生きた下半身」を心がければ、スクイズのようなケースでも確実に転がせるはずだ。逆に腕だけでボールを転がそうとすると、球威に押されてしまうので注意しよう。

低めのボールにも下半身を柔軟に使い、ヒザを曲げて視線をボールに合わせる。

腕だけ伸ばして当てに行くと、視線も遠くなり、球威に押されてしまう。

4人でのバント練習で感覚をつかむ

練習のしかた

バッター、投げ手、守備2人の4人交代制で練習する。一・三塁線に白線を引いても良い。送りバント、セーフティーバントをくり返して感覚をつかむ。
守備
守備
投げ手
バントの構えで投球を待ち、ボールの高低にも下半身を使って対応する。

チェック項目を決めてクリアしていく

バントの失敗、成功は試合の流れを決めることが非常に多い。できて当たり前だからこそ、実戦でのプレッシャーは相当のものになる。また、ヒッティングにおける下半身の使い方、ミートポイントや視線の置き方などにも、バントの技術は生かされるはずだ。

実戦で数少ないチャンスをものにするためにも、4人交代制で投げ手とその両隣に守備をつけ、送りバントとセーフティーバントの練習をしてみよう。ただ漠然と数をこなすのではなく、バットの角度やボールを転がす方向、一歩目のスタートの切り方など、自分でチェック項目を考えて取り組むことが大切だ。

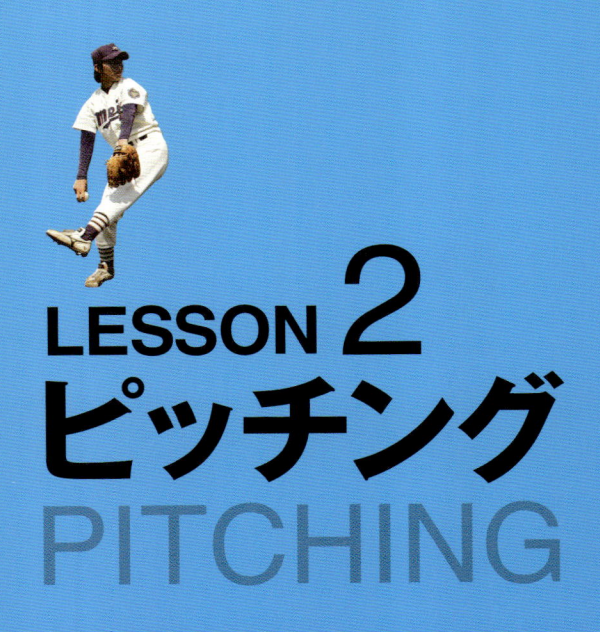

LESSON 2
ピッチング
PITCHING

ピッチングのメカニズムを知ろう!

上半身のひねりで腕のスイングを開始する。
指先に全パワーを乗せてボールをリリース。
4
5

最大限のパワーを指先のボールに乗せる

野球の試合では、その勝敗を決する6割以上の役割がピッチャーにあると言われる。すべてのポジションの中で「ゲームをつくる」ことができるのはピッチャーだけで、逆に言えば「ゲームをこわす」危険もあわせ持っているのだ。

ピッチングは、バッターとのタイミングの外し合いだけに、レベルが上がるにつれて球威だけでは押さえ込めなくなるはず。だからこそ、球威とコントロールを駆使し、緩急のメリハリをつけるフォームを身につけて試合に臨みたい。改良された最新の軟式ボールはより飛ぶようになったが、縫い目にあたる凸部が高くなって、変化球のキレがよくなった点はピッチャーにとって大きなメリットだ。

ピッチングのイメージ START

1
軸足(右足)に全重心を乗せてまっすぐに立つ。
2
お尻から先に体重移動を開始する。
3
ステップして下半身にパワーをためる。

POINT CHECK!

腕を振るということ

ピッチングの基本にして、最大のポイントは、「しっかりと腕を振る」ということ。メジャーリーグでも、試合中にピッチングコーチがマウンドに上がり、ピッチャーに何をアドバイスしているかというと、結局「腕をしっかりと振ることを忘れるな」という言葉なのだ。腕が振れていないと、当然だが球速が落ち、リリースポイントがブレてコントロールが悪くなる原因になり、変化球との緩急もつかなくなって、どんどん悪循環に陥ることになる。単純なようで奥が深い言葉、「しっかりと腕を振る」をキーワードにして、マウンドに立とう。

ピンチのときは、雑念を振り払って「しっかり腕を振る」ことに集中する。

コントロールと球威をつける握り方

ボールの握り方

ボールと手のひらにすき間ができるように軽く握る。

ボールをわしづかみにすると、スナップが利かず、球威が出ない。

人差し指と中指
指1～2本分くらい開けて、指先を縫い目に直角にかける

親指
軽く曲げて下部の縫い目に当てる

薬指と小指
曲げてボールを横から支える

人差し指と中指をつけると、リリースポイントがブレてコントロールが不安定になることが多い。

ボールに縦回転を与えるイメージ

流れるような一連のピッチングフォームの中で、最初のスタートがボールを握ることだ。捕球から一瞬のうちに送球へ移る野手とは違い、ピッチャーは一球一球握りを確認しながら投げられるので、つねに正しい握りになるように心がけてほしい。

基本の握り方は、まず人差し指、中指をボールの縫い目に直角にかけ、真下にくる縫い目に親指を軽く曲げて当てる。縫い目と指先が直角にかかることで、投げるときにボールに縦のスピンをかけるイメージを持つといいだろう。そして、薬指、小指は脇から支え、ボールと手の間に少しすき間ができるくらいに浅めに握ることが肝心だ。

LET'S TRAINING!

あお向けでボールを投げる

ボールを握るとき、人差し指と中指を縫い目に直角にかけるのは、指先で少しでも縦のスピン(回転)を増幅させて球威を出すため。それに加えて手首のスナップがうまく使えれば、全身のパワーを指先に効率よく乗せることができるようになる。あお向けに寝て、手首のスナップと指先の引っかかりを体感してみよう。

練習のしかた

あお向けに寝て、手首と指先を柔らかく使ってボールを真上に投げる。ボールが真上に上がらないと、何度も起きてボールを拾いにいく必要があるので、真剣にチャレンジしよう。

連続して真上に上げるのは案外難しい。リラックスしてボールに縦のスピンをかける意識を持とう。

上からポンとたたくと、ボールが落ちてしまうくらいの力で握る。

POINT CHECK!

ポンとたたいたら落ちるくらいの力で握る

ピッチングでは、リリースに向けて指先の力を握り込んでいけばいいので、最初は軽く握っておくことが大切だ。ボールを深く強く握り込むと、腕から上半身にかけてムダな力が張り、リリース時に手首のスナップが利かなくなってしまうので注意しよう。

体を目標に向けてバランスよく立つ

ワインドアップ
顔
キャッチャーに視線を定める
両手
サインを確認して握りを決める
両手
ボールをグラブで隠して頭上に上げる
胸
後ろに反らないように少し張る意識
ヒザ
伸び切らないでゆとりを持たせる
右足
プレートからつま先が少し出る
左足
プレートから一歩後ろに引く

自分のリズムでピッチングをスタート

威力あるボールを投げるためには、ダイナミックでリズミカルなフォームが必要だが、その第一歩となるのがワインドアップだ。両腕を頭上に大きく振りかぶり、目標（キャッチャーミット）に視線を定めることで、集中力を高めていく効果もある。

　最初の構えは、目標に全身を正対させて両足でプレートを踏み、グラブを胸の前で構えてサインを確認する。そこから左足を一歩後ろに引き、体重をかけながら両腕を頭上に大きく振りかぶっていく。ボールはバッターに見えないようにグラブで隠すが、ここで体が左右にブレたりするとバランスが崩れるので、力まずにまっすぐ腕を上げていこう。

ワインドアップの流れ

1
2
自分のリズムで
投げられる高さ！

正面から見た写真。軸足（右足）をプレートの上、基本は真ん中に置き、つま先が少し出る。

体全体をまっすぐキャッチャーに向け、両足でプレートを踏む。

正面から見た写真。ワインドアップのスタートと同時に左足を後方に引いて下半身を安定させる。

左足を後ろに一歩下げるとともに、両腕を上に上げていく。

✕

反動をつける意識が強く、上体が後ろに傾くほど胸を反ると、バランスが崩れて次の動きにスムーズにつながらない。

3

両腕を下げながら、右足がプレートと平行になるようにずらしていく。

しっかり体重を乗せてタメをつくる

軸足で立つ
✕
軸足が折れ曲がり、左足にパワーをためることができない。
✕
後方に体重がかかると大きなパワーロスになる。
軸
足裏から頭まで一本の軸ができるように
左足
ヒザが腰より上になるくらい上げる
頭
視線を目標に定める（目線を一度切る選手もいる）
背中
丸まらないように背筋を伸ばす
背番号
下半身のひねりで背番号が少し見える
右ヒザ
左足を上げたピークで一度伸ばし、後に少し余裕を持たせる
右足
足裏全体で体重を支える

足裏から頭まで一本の線になるように

ワインドアップが完了したら、振り上げた両手を前に下ろしてくるとともに、左足を前に上げて右足（軸足）に体重を乗せていく。この後の前方への体重移動と腕の振りにつなげる、タメをつくる重要な動作だ。この片足に体重を乗せた体勢が安定しないと、その後の投球すべてが安定しなくなってしまう。しっかりと軸足で立つためには足の筋力ももちろん必要だが、軸足の足裏から頭の先まで、一本の軸ができるようにイメージすることが大切だ。前側の足を上げたときに、軸足のヒザを伸ばして、足裏から頭まで地面と垂直に、一本の棒が通っているようにして立つ。上体や頭が前後左右に傾かないよう、どっしりと構えよう。

軸足で立つ流れ　START

軸足をプレートと平行になるようにずらし、腕を軽く絞るように下げていく。
左足を軸足より前に出して、足のつけ根から上げていく。
軸足のヒザを伸ばし、地面と垂直にバランスよく立つ。
軸足は
プレートと平行!
後方にひねりすぎない
ように！
1
2
3

POINT CHECK!

下半身の疲れで フォームをチェック

初心者に多い、上半身や腕の力に頼ったフォームは、投球後に必ず上半身が筋肉痛になるはず。しかし、ピッチングは「下半身主導」で投げるもので、そのスタートが軸足で立つことだ。ワインドアップから足を上げた状態で静止し、１～３分も立っていられるような訓練をしてみよう。

試合後に、まず下半身の疲れを感じるようになる頃には、きっと球威も増し、コントロールも安定して理想的なフォームを手に入れているはずだ。

比較的自由な投げ方を尊重するメジャーリーグでも、この軸足で立つ動作は徹底的に練習させる。

ためたパワーを少しずつ前方へ移動していく

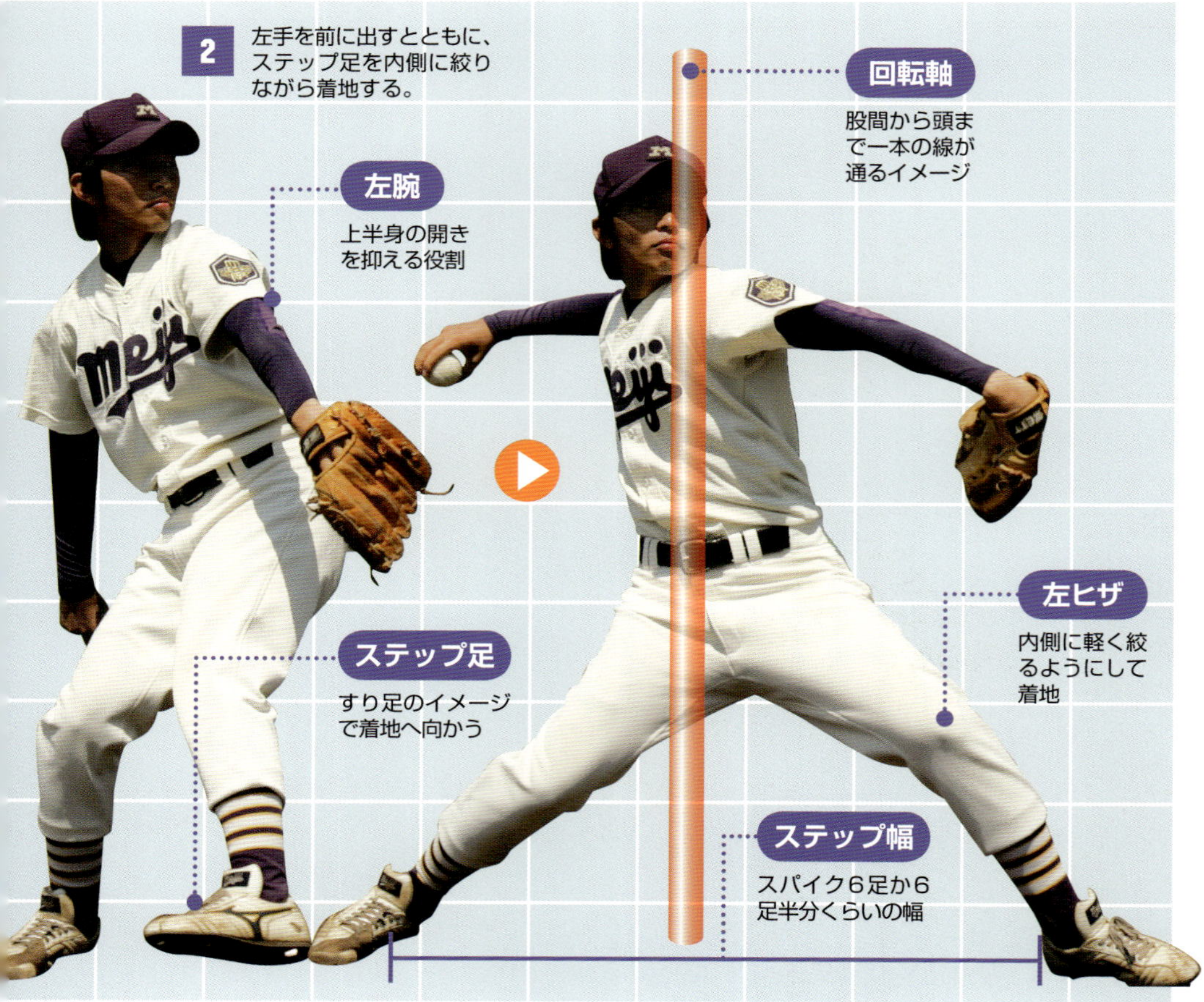
2
左手を前に出すとともに、ステップ足を内側に絞りながら着地する。
回転軸
股間から頭まで一本の線が通るイメージ
左腕
上半身の開きを抑える役割
左ヒザ
内側に軽く絞るようにして着地
ステップ足
すり足のイメージで着地へ向かう
ステップ幅
スパイク6足か6足半分くらいの幅

お尻から向かうことで投げ急ぎを防ぐ

軸足（右足）で立った状態から、キャッチャー方向に体重移動してステップ足（左足）を着地するが、ここで大切になるのが「ヒップファースト」。これは、お尻の左側から先に前に体重移動することで、上半身を後ろに残してタメをつくり、体の開きを抑える役目を果たす動きだ。

ステップの幅は、一般的にはスパイク6足から6足半ぐらいと言われる。体格やバネの強さなど個人差があるので投げやすい幅にすればよいが、広すぎるとバランスを崩し、狭すぎると腕力のみに頼った「手投げ」になりやすい。練習で自分に適した幅をチェックしておき、つねに同じ位置に着地するようにしよう。

LET'S TRAINING!

ヒップファーストの感覚をつかむ

体重移動ではお尻からキャッチャー方向に突き出していく「ヒップファースト」の意識が大切。軸足にためたパワーを前方移動へつなげていく感覚を練習でつかもう。

練習のしかた

コーチにベルトを持ってもらい、後ろから支えてもらうことでヒップファーストの感覚をつかむ。

テイクバックからステップ START

1
軸足で立った体勢から、お尻の左側をキャッチャー方向に突き出していく。
顔
体重移動中も視線を上下にブラさない
逆くの字
お尻から前に出ることで、体勢が逆くの字になる

POINT CHECK!

ヒザを割らない

よく「ヒザが割れる」という言葉を聞くが、これはステップしたときに三塁側に向いているべきヒザ頭がキャッチャー方向に「開いて」しまっていることを表す。ヒザ頭がキャッチャー方向に向くと、下半身と上半身が同時に開いてしまい、パワーが逃げてリリースも早くなるという、投げ急ぎの悪循環にはまるので、ピッチャーがもっとも気をつけるべきポイントだ。

ヒザを内側に絞るように着地することで、下半身のパワーを逃がさない。

○
×

ヒザを外側に開いて着地すると、フォームのバランスが崩れる。

ムチのように腕をしならせる

グラブからボールを出し、腕の力を抜いて自然に下げていく。
1

ひじからボールをつまみ上げる意識！
右ひじを支点にボールをつまみ上げる。
2

右ひじの役割を理解する

　体重移動でステップが完了し、安定感のある下半身ができたところで腕のスイングが始まるが、ここでもっとも重要な役割を果たすのが、右ひじだ。腕のスイングにおける右ひじの3つのポイントをおさえておこう。

　1つ目は、グラブからボールを上げていくテイクバックの動作で、右ひじを支点に「つまみ上げる」ような感覚を大事にすること。2つ目は、腕が頂点に達するトップで、右ひじを「両肩のラインまで上げる」こと。そして最後の3つ目として、胸を張って全身で腕を振ることで、ひじから先に出る「ムチのようなしなり」でスイングすることだ。

3
ボールを二塁側
に向けてトップ
をつくる。
右ひじを両肩の
ラインまで上げる！
トップでボール
をキャッチャー
側に向けない。
4
胸を張ることで
腕のスイングが
開始される。
ひじで腕のスイングを
リードする！
5
ムチのような腕
のしなりが返っ
てリリース。

POINT CHECK!

腕だけでなく 体全体がムチになる

写真を見ると分かる通り、胸を張ることで、腕の中でも特にひじから引っぱられて腕のスイングが始まっている。さらに全身を見ても軸足からボールまで「大きな弧」ができていることに注目してほしい。この「体全体をムチのように使う」イメージを持つことで、全身の力を効率よくボールに乗せることができるはずだ。

リリースポイントをつねに一定にする

リリース

指
人差し指と中指でボールに回転をかける
顔
アゴが上がらないように視線を定める
胸
胸の張りが最大でリリースする
グラブ
腕を引くことで脇の下に収まる
左足
しっかり体重を乗せる

全身のパワーを乗せ切る自分のリリースポイントを見つける。

指先でボールにバックスピンをかける

ピッチングフォームのすべての集大成である、ボールを指先から離す瞬間がリリース。全身のパワーをボールに乗せ切るために、手首のスナップを利かせながら、縫い目にかけた人差し指、中指の指先でボールに強いバックスピンをかけたい。この回転数が上がるほど、ボールに伸びが出るからだ。

リリースポイントの目安としては、手が頭の位置を越えたあたりだが、投球フォームによって差が出るので、自分なりのポイントを見つけてほしい。ただし、つねに同じポイントで投げることが、球威とコントロールを安定させる秘訣だと覚えておこう。フィニッシュの形は、腕を振り切る意識を持っていれば自然と収まるはずだ。

手首と指先のイメージ

POINT CHECK!

ステップ足で立ってフィニッシュ

ピッチャーは「5人目の内野手」として、投球後に捕球体勢にすばやく入ることが望ましいが、投球前からその意識が高いのは問題だ。バントを警戒すべきケースでは、多少意識することも必要だが、ピッチャーで大切なことは、最後までしっかりと投げ切ること。中途半端なフィニッシュにならないよう、最後にステップした足一本で立つくらいのバッターに向かう気持ちを持とう。

重心移動がしっかりした勢いのあるフィニッシュは、軸足が跳ね上がり、ステップした足一本で立つフォームになる。

手首を返すと同時に、指先でボールにバックスピンをかけて回転数を上げていく。実際の投球フォームでは、全身でボールを上から下へ押さえつけるようにスナップを利かせるため、山なりではなく真っすぐに向かっていく。

LET'S TRAINING!

タオルでシャドウピッチング

ピッチングの練習では、バッティングの素振りにあたるシャドウピッチングがどこでもできて効率的。さらにタオルを使えば、その軌道で全身の力がどのように作用しているかも体感できるので、ぜひ試してみよう。

練習のしかた

タオルの先を結ぶと振りやすい

負荷をかけるために一方の先を結んで重みをつくる。全力で投げる2割くらいの力で、フォームをチェックしながらシャドウピッチングする。

タオルの軌道が弧を描いているか、左右にブレていないかなどをチェック。

PITCHING

STEP UP 1

セットポジション

投球とけん制球の両方に対応

セットポジション

視線
目だけでランナーを確認する
顔
アゴを引いてキャッチャーに向ける
グラブ
一度セットしたら再度セットできない
ヒザ
柔らかく保つ
一塁ランナーを見る動作で、首から下(特に肩)を大きく動かすとボークを宣告される。
×

動作が小さいぶん、制球力が高い投げ方

塁上にランナーがいる場合は、ゆったりと大きなフォームで投げるワインドアップではなく、投球とけん制球の両方に対応できるセットポジションをとる必要がある。また、このセットポジションから盗塁阻止のために、投球動作を小さくすばやく投げるのがクイックモーションだ。

　セットポジションからの投球は、ワインドアップよりも大きな動作、体重移動を使えないので球威が落ちるという難点があるが、逆に動作が小さいぶん、コントロールをつけやすくなる。ピッチングフォームのバランスが崩れていると感じたときなど、わざとセットポジションで投げて修正していくのもひとつの方法だ。

セットポジションからクイックモーションの流れ

1

グラブをセットし、左肩越しにランナーを見る。

軸足からステップ足に
瞬間的に体重移動！
地面スレスレに
踏み出していく！
2

左肩を動かさずにすばやく左足を上げ、まっすぐキャッチャー方向にステップする。

3

しっかりと体重移動し、バッターに集中して投げる。

POINT CHECK!

投球リズムを変える

セットポジションでは、投球に入るまでのリズムがいつも一定だと、ランナーにクセを読まれて盗塁されやすくなる。セットしたらすぐにクイックで投げたり、セットしても投げずにじらしてみたりと、とにかくランナーに盗塁のきっかけを与えないようにしよう。

制球力はピッチャーの生命線

ストライクゾーン

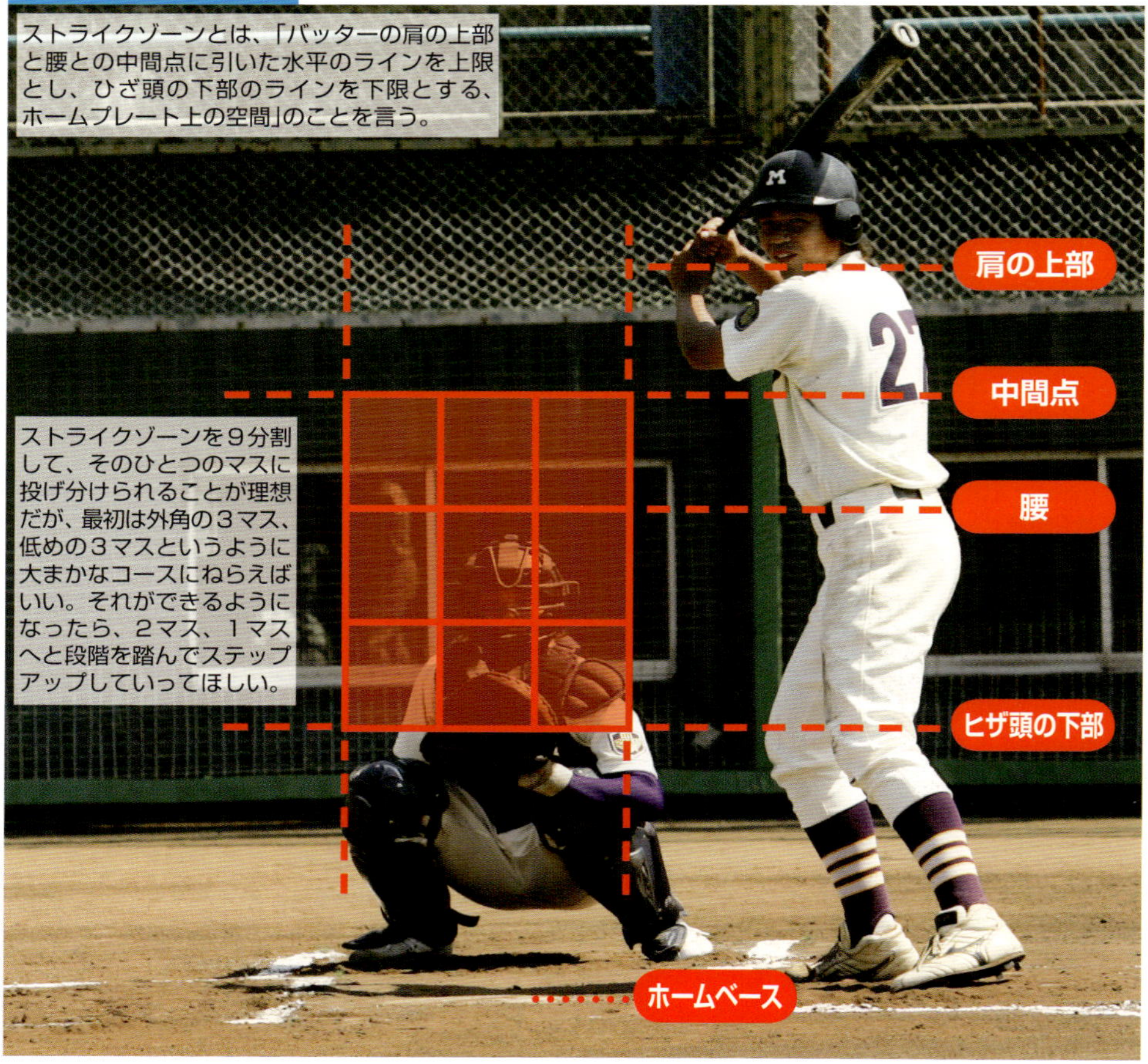
ストライクゾーンとは、「バッターの肩の上部と腰との中間点に引いた水平のラインを上限とし、ひざ頭の下部のラインを下限とする、ホームプレート上の空間」のことを言う。
肩の上部
中間点
腰
ヒザ頭の下部
ホームベース
ストライクゾーンを９分割して、そのひとつのマスに投げ分けられることが理想だが、最初は外角の３マス、低めの３マスというように大まかなコースにねらえばいい。それができるようになったら、２マス、１マスへと段階を踏んでステップアップしていってほしい。

ストライクゾーンをフルに使う

ピッチャーの生命線とも言えるのが制球力（コントロール）。どんなにスピードのあるボールやキレのいい変化球があっても、制球力が安定していなければ試合では通用しない。逆に、ストライクゾーンの内角と外角の左右の幅、高めと低めの高低差を広く使って投げ分けられれば、それほどボールに威力がなくても打ちとることができる。

ただし、誰でも最初から「針の穴を通す」ような制球力を持っているわけはないし、実際にプロのレベルでも、体のコンディションと折り合いをつけながら制球しているのだから、そう心配することもない。最初は大まかな的をねらう感覚でトライしていこう。

POINT CHECK!

駆け引きも大事

ストライクゾーンはピッチャーとバッターに平等に与えられたルールだが、試合では、つねにストライクゾーンに投げ込む必要はないのだ。変化球を使ってバッターの目先を変えればボール球でもスイングしてくるし、インコースを突いてバッターの体勢と視線を起こせば、外角低めの大まかなコースでも空振りをとれる。これが試合での駆け引きであり、大まかなコースをねらえる制球力さえあれば、じゅうぶんに通用できるはずだ。

目線を切らない

体が移動しても
目線はブラさない！

制球力をつけるための基本はやはり、キャッチャーミットから目線を切らないこと。さらに、リリースまでの体重移動にしたがって顔の位置は少しずつ移動していくものだが、ここで目線を上下左右にブラさないことが秘訣だ。

レベルの高い選手には、「腕をしっかりと振る」ことを最優先に目線を切る選手がいるが、写真のような左右にブレた目線の切り方は絶対にしてはいけない。

LET'S TRAINING!

至近距離からピッチング

練習では、つねにプレートからホームベースまで投げる必要はない。特に制球難の選手は、ストライクが入らない投球をつづけても収穫は少ないだろう。そこで、思い切ってバッテリー間の距離をぐっと狭めて投げてみよう。シーズンオフのじっくりと調整をしたいときなどにも利用できるはずだ。

練習のしかた

ストライクが入る距離から投げ始める。投球の8割位がねらい通りに投球できたら距離を伸ばしていく。このくり返しで安定感を身につけるが、距離が短くてもボールを置きにいかず、しっかり腕を振ること。

少しずつ距離を伸ばしていって最終的にマウンドからストライクが入ればいい。

スピードとキレでバッターをねじふせる

ステップ足へ重心の移動が始まり、大きなフォームへ。
大きなフォームで爆発させる!
胸の張りの緊張感が最大限まで引き出され、鋭く腕を振る。
4
5

大きく小さく大きくのフォーム

力のある速球でバッターを打ち取る快感を得られるのは、すべてのポジションの中でピッチャーだけだ。ストレートの球威とキレはそれだけで「武器」になるし、多少の甘いコントロールでも「ねじふせる」気概を持ちたい。

球威をアップさせるコツは、何度も解説してきたように「下半身主導」で「しっかりと腕を振る」ことだが、さらに、投球フォームにメリハリをつけるという秘訣がある。これは、体重を乗せ切って軸足にためたパワーを効率よくボールに伝えるために、体の筋肉の収縮を最大限に使うということ。大きな体勢からスタートして、ぐっと小さくパワーをため、大きなフォームで爆発させるイメージを持とう。

メリハリのあるフォームの流れ START

リラックスしながらも大きな体勢でワインドアップ。
軸足にパワーをため込んでから前進移動を開始。
小さくなって体の内側にパワーをためこむ!
体を小さく沈み込みながらステップ足を踏み出していく。
大きく威圧感のあるスタート!
1
2
3

LET'S TRAINING!

ステップした状態で前後に体重移動

球速をアップさせるには、ピッチングの土台である下半身の強化が不可欠だ。地道なランニングや、大きなフォームを身につけるための遠投もしておきたい。また、どうしても上半身に頼って投げてしまう傾向がある場合は、ステップして下半身の土台をつくった状態で、前後に体重移動する感覚をつかむ練習をしてみよう。

練習のしかた

1
2
3

プレートがあればそこに軸足をつけ、ステップした状態で体勢をつくる。ステップ足から軸足へ、そしてステップ足へ体重を何回か移動させて最後に投球する。

一塁ランナーに対するけん制球

一塁けん制球

ランナーの動きで
見極める!
リード幅で
見極める!
自分の投球の間を
つくるときにも有効!
Meiji

ランナーの「リード幅が大きい」、「右足に体重が乗っている」など、盗塁スタートの気配を察知したらけん制し、ランナーの警戒心をあおろう。

プレートを外す方法と外さない方法

けん制は、ランナーを刺す(アウトをとる)ことが目的ではなく、ランナーを塁にクギづけにし、スタートを遅らせることだと理解しておこう。また、自分の投球のリズム、「間」をとるためにもけん制を有効に使いたい。

右ピッチャーでランナーが一塁の場合、キャッチャー方向に向けている体を、いかにすばやく一塁方向へターンできるか。そしてターンと同時に右ひじを上げてコンパクトに投げる体勢に入れるかがポイントになる。プレートを外す方法と外さないで投げる方法の2種類があるので、状況によって使い分けられるように、両方マスターしておこう。

一塁けん制球の流れ START

すばやいターンで
一塁を向く！
1
2
3
4

1 グラブをセットして肩越しにランナーを見る。

2 右足を軸に、体重を乗せてすばやくターンする。

3 右ひじをすばやく上げて送球の体勢に入る。

4 左足を一塁方向に踏み出して送球する。

POINT CHECK!

それぞれの利点

２種類の一塁けん制には、それぞれ利点があるので使い分けてほしい。

プレートを外す方法

右足をすっと後方へ引きながらターンでき、実際に送球しなくてもボークにならないので初心者におススメだ。

プレートを外さない方法

右足をプレートにつけたまま鋭くターンする、動きの少ないけん制なので、ランナーに警戒心を与えることができる。

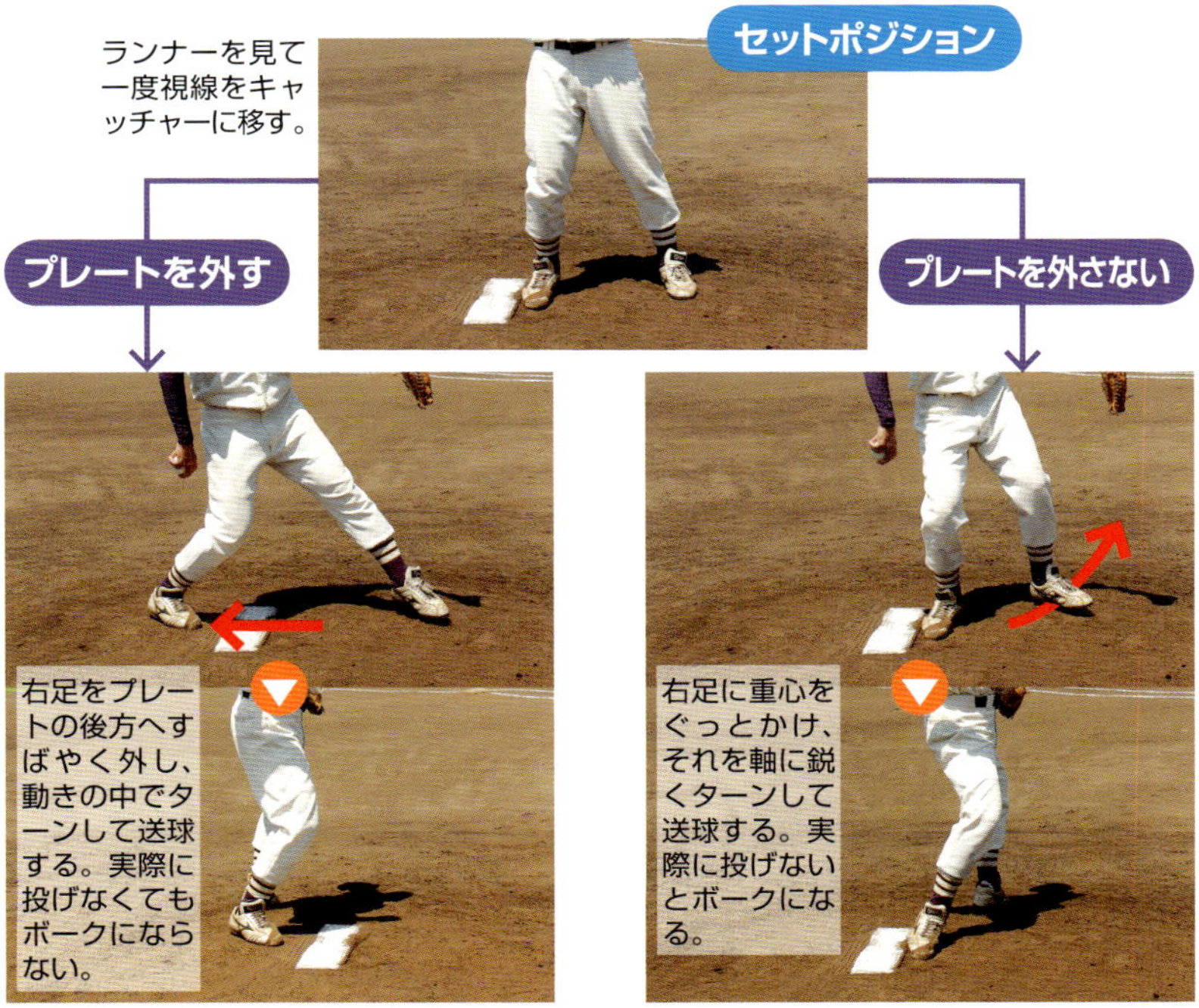
ランナーを見て
一度視線をキャ
ッチャーに移す。
セットポジション
プレートを外す
プレートを外さない
右足をプレートの後方へすばやく外し、動きの中でターンして送球する。実際に投げなくてもボークにならない。
右足に重心をぐっとかけ、それを軸に鋭くターンして送球する。実際に投げないとボークになる。

二塁ランナーに対するけん制球

野手との連係を
大切に！
右回りと左回りを
使い分ける！

POINT CHECK!

サインプレーでランナーをあざむく

二塁けん制は野手との連係が大切。サインプレーのひとつとしては、どちらかの野手がベースに入って離れ、ランナーの警戒心を解いた瞬間にもう一方の野手がベースに入り込むというもの。いろいろなパターンを練習で試しておこう。

右回りと左回りの2種類

二塁へのけん制は、セットポジションの体勢から180度ターンすることと、ベースカバーに入るセカンド、ショートとの連係という、けん制の中ではもっとも高い技術が必要とされる。

ターンには右回りと左回りの2種類あり、右ピッチャーの場合は左回りが一般的だが、ランナーを迷わせるためにもできれば2種類ともマスターしておきたい。また、ムダな失点につなげないためにも、野手との連係ミスや、ターンで体勢が崩れたときなどは、無理に投げなくてもいい。二塁へのけん制は、プレートに足をつけていても、途中で動作を止めてもボークにならないからだ。

二塁けん制球の流れ

ランナーを見て一度視線をキャッチャーに移す。

左回り

1
2
3
ターンしながら野手を確認！

1 右足を後方に引いて軸にし、鋭く左へターン。

2 左足を二塁へ踏み出し、すばやく右ひじを上げる。

3 体全体が二塁へ向いたらすばやく送球する。

右回り

1
2
3
軸足をひねってターンする！

1 投球動作と同じように左足を上げる。

2 右足を軸として回転しながら右へ鋭くターン。

3 左足を二塁へ踏み出し、すばやく送球する。

三塁ランナーに対するけん制球と偽投

三塁けん制球
コントロールを
重視する！

POINT CHECK!

視線でけん制する

ランナーを塁にとどめておくのは、何もけん制球を投げるだけではない。特に右ピッチャーで三塁ランナー（左ピッチャーで一塁ランナー）がいる状況では、ランナーを正面で見ることができるので、セットに入ってじっと見つめるだけでもランナーを「けん制」することができるはずだ。

グラブをセットしてランナーをじっと見つめ、視線の威力を有効に使う。

確実な送球を心がける

三塁へのけん制は、悪送球、野手の捕球ミスがそのまま失点につながるので、細心の注意が必要。三塁ランナーはあまり大きなリードはとらないが、スクイズなどが想定される状況では、言葉通り「けん制」しておくことが大切で、決して無理にアウトをとりにいくのではないことを覚えておこう。

また、ランナー一・三塁の場面では、一塁ランナーの盗塁を阻止するためにも、三塁へ偽投して一塁けん制のテクニックを使いたい。ここでのポイントは、三塁偽投のときに、しっかりと腕を振って偽投を成立させること。中途半端な腕の振りだと、ボークと判定される可能性もあるので注意しよう。

三塁けん制球の流れ START

投球フォームと同じように左足を上げる。
真っすぐ左足を三塁方向に踏み出す。
腕をコンパクトに振って確実な送球をする。
左足の一部がプレートの後端よりも後ろに入るとボークになる。
1
2
3

三塁偽投して一塁けん制 START

しっかりと腕を振る！
三塁方向へ左足を踏み出し、ボールを持ったまま腕を振る。
右足をプレートから外して鋭く反転する。
左足を一塁方向に踏み出して送球する。
三塁への偽投が中途半端だとボークになる。
1
2
3

STEP UP 7
バント処理とベースカバー

5人目の内野手としての守備

腰を低く保って打球へアプローチすることで、ボールと視線のブレがなくなる。

POINT CHECK!

マウンドから駆け下りる感覚

ピッチャーはほかの野手と違い、マウンドという盛り上がった特別な地形に立っているので、そこから駆け下りて打球へアプローチすることが多くなる。そのため「腰を低くして視線を上下させない」という基本を、野手以上にしっかりおさえて凡ミスをしないようにしよう。

腰を落としてあせらず確実に送球する

ピッチャーは、「5人目の内野手」としての役割を持っている。腕をしっかり振り切り、フィニッシュを終えた後には野手として意識を切り替えよう。腰を低くし、前後左右に動ける体勢をつくれば、打球への一歩目が早くなり、そのぶんだけ送球に余裕ができるはずだ。ポイントは、一塁送球ではあせらずボールの正面に入って確実な捕球、送球をすること。二塁や三塁送球では、時間的余裕がないので、捕球から送球へスムーズに移行できる足運びをすることだ。

　また、ムダな内野安打を与えないためにも、自分の左側（一塁方向）にボールが飛んだら、必ず一塁ベースカバーに入るクセもつけておこう。

一塁ベースカバー

1 一塁方向に打球が飛んだらすかさずダッシュ。

2 ファーストの動きを見ながらベースへ向かう。

3 トスされたボールにタイミングを合わせる。

内側に入って
ランナーをよける！

4 確実に捕球した後、ベースを踏んで走り抜ける。

バント処理

1 腰を落として野手の意識に切り替える。

2 ボールの正面にすばやく入って捕球する。

送球方向は
キャッチャーの
指示を聞く！

3 グラブを引き上げ、左足を一塁へステップ。

4 あせらず確実な送球を心がける。

カーブの投げ方

カーブの握り方

POINT CHECK!

変化球の握りはさまざま

変化球には、正解の握り方というものはない。人それぞれ手の大きさや指の長さ、手首の柔らかさなどが違うためだが、大切なのは、ボールにどんな「回転」を与えれば、どんな「軌道」になるかを理解しておくこと。それが理解できていれば、自分でいろいろな握りを試してみて、もっともフィットする握り方を見つけることができるはずだ。

中指
ボールの縫い目にかける

人差し指
中指の横にそろえる

親指
軽く曲げて縫い目に当てる

人差し指と親指
親指を跳ね上げてこの間からボールが抜けていく

中指と親指
この２本の指でボールをはさむ意識

親指でボールを跳ね上げる

ピッチングの基本は、あくまでもストレートだが、投球術の幅を広げるために変化球もマスターしておきたい。いくつか代表的な変化球の握り方と投げ方を紹介していこう。

日本でもっともポピュラーなカーブは、軌道の変化が大きくストレートとスピードの差も大きいので、緩急をつけた投球が可能になる。手首を立てるストレートとは違い、手首を90度近く曲げてボールをリリースするという特徴があり、ボールにかける縦横の回転の具合によって軌道の違うカーブになる。フォームとしてのポイントは、しなやかに腕を振り切るとともに、リリースのときに、親指でボールを跳ね上げる感覚を持つことだ。

カーブの投げ方 START

1 手首を90度近くに曲げたまま、胸を張って腕を引っ張る。

2 ひじから前に出していき、大きな弧を描くようにスイング。

3 親指でボールを跳ね上げるように前方に押し出すリリース。

中指で押し込み、親指で跳ね上げる！

LET'S TRAINING!

親指でボールを弾く

カーブはリリースの際に独特の指の使い方をするが、その感覚をつかむためにボールを弾く練習。これは家の中でテレビを見ながらでもできるので、遊び感覚でトライしてみよう。

練習のしかた

中指をボールの下に置いて横から人差し指と薬指で支え、親指の内側をボールに当てる。そして親指でパチンとボールを弾くようにボールを跳ね上げる。

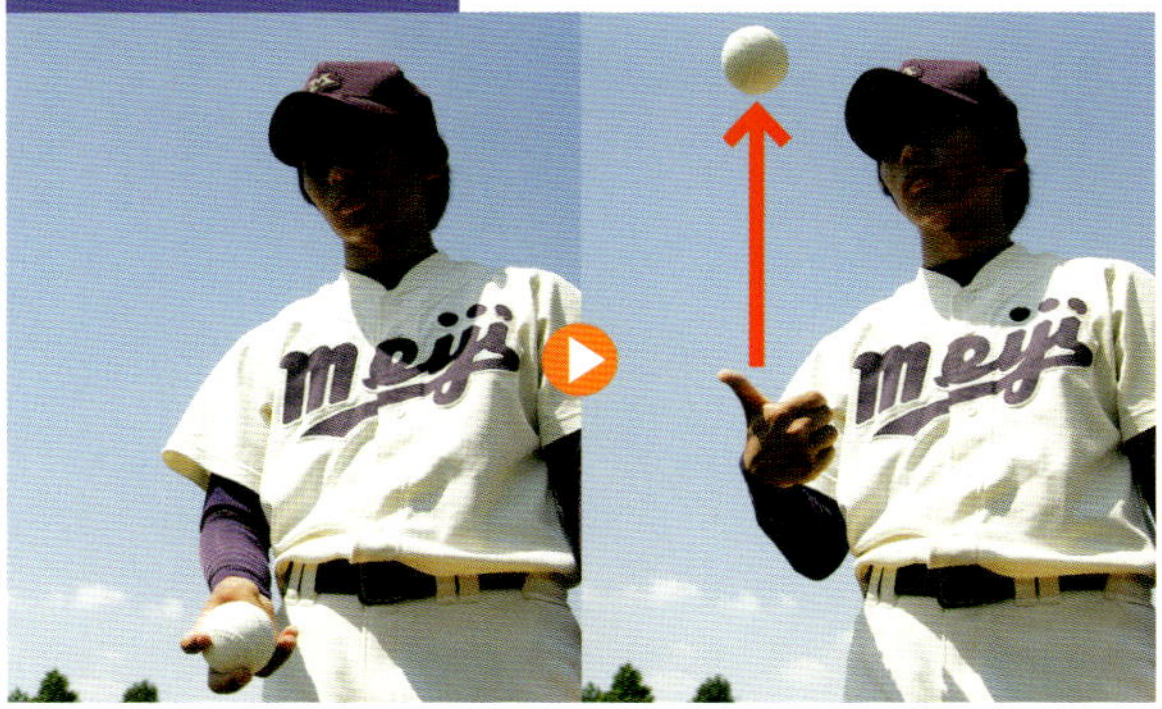

手首を返し上げるのではなく、指の弾きだけでどれだけ高く上がるか挑戦してみよう。

スライダーの投げ方

スライダーの握り方

カーブとスライダーの軌道

右対右の場合、カーブはリリース時から大きな弧を描いて斜めに曲がり落ちてくる軌道(⋯⋯>)になるが、スライダーはストレートと同じ軌道からバッターの手元で鋭く曲がる軌道(——>)になる。

中指
縫い目に沿ってしっかりかける

人差し指
中指の横にそろえる

親指
軽く曲げる。縫い目に当てる人と当てない人がいる

中指でボールを切るイメージ

スライダーは、バッターの手元で横に鋭く滑る(スライドする)変化球だ。リリース時から大きな弧を描いてバッターに向かうカーブと違い、バッターの手元までストレートと見分けがつきにくいので、多くのピッチャーがウイニングショットに使用している。

また、比較的マスターしやすい変化球で、自分に合った握りを見つけ、ストレートと同じ腕の軌道で投げれば、それなりの変化が望めるだろう。ただし、ボールを中指で切るリリースが特徴なので、多投すると、ひじが下がってきて腕のスイングが「横振り」になりやすい。あくまでも、腕のスイングの基本は「上から下」へしっかりと振り切ることだと覚えておこう。

スライダーの投げ方 START

1
2
3
中指でチョップ
するように切る！

1 カーブのように手首を曲げず、立てた状態で腕のスイング。

2 ストレートと同じ軌道でリリースに向けて中指に力を込める。

3 ボールの縫い目にかけた中指を前方に向かって鋭く切る。

POINT CHECK!

リリースのイメージ

スライダーは、縫い目にしっかりとかけた中指を、前方に向けて鋭く切ることで強烈な横回転をかけるもの。横回転を意識しすぎて、手首まで大きくひねるようなリリースをすると、抜けた感じで球速が落ちるので注意しよう。あくまでも、腕の振りと中指で回転をかける変化球なのだ。

ストレートと同じく手首を立てた状態から、中指で縫い目を外側に切るようにリリース。

シュートの投げ方

シュートの握り方

スライダーとシュートの軌道

右対右の場合、スライダーは外へ逃げていく軌道(······>)になるが、シュートは内側へえぐる軌道(——>)になるので、組み合わせることで有効なコースの横幅が広がる。

中指
縫い目の間隔が狭い部分の外側にかける

人差し指
縫い目の間隔が狭い部分の内側にかける

親指
軽く曲げてボールの下から支える

人差し指でボールを押し込む

現在は、ほぼすべてのピッチャーがスライダーを投げる「スライダー全盛時代」だ。しかし、右ピッチャー対右バッターの場合に外角へ逃げていくスライダーに対して、内角を鋭くえぐるような逆の軌道のシュートが最近見直されてきている。両者を組み合わせると配球の横幅がぐっと広がるからだ。

シュートを投げるときのポイントは、縫い目にかけた人差し指でボールを押し込むようにリリースすること。それがしっかりと意識されていれば、自然と腕の内転(手が反時計回りに回転するような腕の動き)が大きくなる。腕の振りに頼ったシュート回転は、ひじを痛める原因になるので注意しよう。

シュートの投げ方 START

1
2
3
人差し指に力を込めると
腕が内転する！
テイクバックから腕のスイングはストレートと同じ。
人差し指に力を込めて前方にボールを押し込んでいく。
最終的に小指が空を向くようなフィニッシュになる。

POINT CHECK!

早めにステップ足に体重を乗せる

腕の関節が曲がる方向と逆にひねる形になるシュートは、マスターするのに時間がかかる変化球と言える。コツとしては、ほんの少しステップ足に体重を乗せるタイミングを早くすること。前方への体重移動が早まるぶん、体の開きも早くなり、腕がスムーズに振りやすくなるからだ。
ただし、あまりに意識しすぎると、他の球種のピッチングフォームにも影響してしまうので、細心の注意が必要だ。

ほんの少し体の開きが早くなると、右腕の内転がスムーズにいく。

フォークとチェンジアップの投げ方

チェンジアップの握り方と投げ方

中指・薬指・小指
手のひらでボールを包み、この3本でボールを押さえる。

人差し指と親指
円をつくってボールの側面を支える

手首の返しをできるだけ抑え、ボールを握った指の力をフッと抜く感じでリリースする。

フォークボールの握り方と投げ方

人差し指と中指
縫い目にかからないように大きく開いて挟む

親指
ボールの下部を支える

手首の返しを押さえながらリリースに入る。中指と人差し指に力を込めて抜くイメージだ。

ボールに回転を与えない変化球

カーブやスライダー、シュートなどは、ボールに横や斜めの回転をかけることで軌道を変える変化球だが、回転をかけないことで変化させるボールもある。その代表格がフォークボールで、ボールの回転を極力抑え込んで空気抵抗を大きくし、バッターの手元でストンと落ちる軌道になる。

また、速球派にぜひマスターしてもらいたいのがチェンジアップ。ストレートとまったく同じ速さで腕をスイングすることで、速球とのスピードのギャップ（緩急の差）が大きく感じられる。ストレートと同じスイングで投げられ、腕やひじへの負担が少ないので、成長期の子供にとっても有効な変化球だ。

LESSON 3

フィールディング

FIELDING

フィールディングのメカニズムを知ろう！

左足を踏み出して送球体勢に入る。
下半身の動きを生かして送球する。
足の動きが送球につながる！
つねに足は動きつづける！
4
5

足で捕って足で投げる

バッティングにはある程度、好不調の波があるが、フィールディングにはない。そして練習を積めば必ず誰でも上達でき、コンスタントに結果を出せる技術だ。特に、ワンゲームで生き残りが決定する大会などでは、フィールディングで崩れたチームが負けると考え、試合に臨んでほしい。

フィールディングの基本は、「足で捕って足で投げる」こと。下半身を基本にした構えから打球へのすばやいスタート、捕球からステップして流れるような送球へと、すべて足から動きが始まるのだ。また、軟式では硬式よりもバウンドが高くなることが多く、跳ね上がることも予測する必要があるが、体を低くする基本は同じである。

フィールディングのイメージ START

足から動いて
打球の正面に
入る。
左足の斜め前
でしっかりと
捕球。
右足でステップ
しながらグラブ
を引き上げる。
右手をそえて捕球！
1
2
3

LET'S TRAINING!

守備の基本は キャッチボール

キャッチボールは、あまりに一般的なために軽視される傾向にあるが、キャッチボールしている姿を見れば、その選手の実力が一目で分かるといってもよいほど、守備の基本がすべてつまった重要なトレーニングだ。下半身の柔らかさと安定感、捕球と送球の体勢をチェックしながら質の高いキャッチボールをしよう。

1
2
3

捕球、ステップ、送球を基本に忠実にくり返す。

内野手と外野手の構え方の違い

内野手はゴロに備え、外野手は広い視野を

守備の基本としてまず覚えてほしいのが構え方。どんな打球に対してもすばやく対応できる体勢をとることが大切だ。ただし、つねに筋肉や気持ちを張りつめているのではなく、リラックスした状態からピッチャーの投球モーションに合わせて前傾姿勢に入るリズムがポイントになる。

内野手の場合は、基本的にゴロに目線を合わせるように腰を低くし、外野手の場合は、広いエリアをカバーできる視野をとれるような体勢をとる。内外野手ともに大切なのは、打球への第一歩をスムーズに出せる構え。スタートをどれだけ早く切れるかで、アウトにできる確率が大きく変化するのだ。

内野手の構え

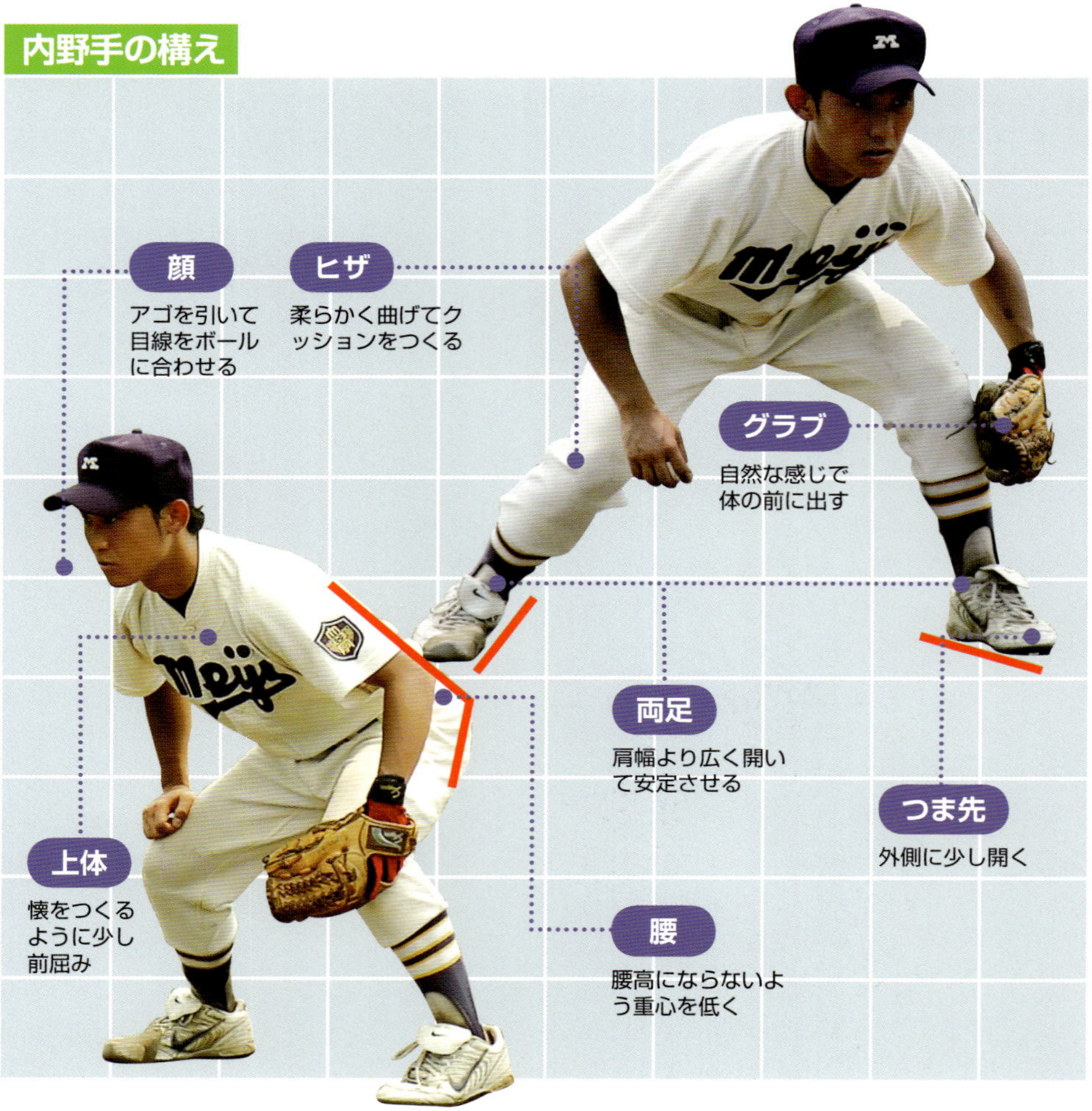
顔
アゴを引いて目線をボールに合わせる
ヒザ
柔らかく曲げてクッションをつくる
グラブ
自然な感じで体の前に出す
両足
肩幅より広く開いて安定させる
つま先
外側に少し開く
上体
懐をつくるように少し前屈み
腰
腰高にならないよう重心を低く

外野手の構え

内野手でも外野手でも、棒立ちでただ見ているだけという構えでは、打球へのすばやい反応は到底できない。

顔
バッターに向けて打球音にも注意する
上体
やや前傾姿勢をとる
足
どちらかの足を少し前に出す
ヒザ
リラックスして軽く曲げる
両足
肩幅くらいに開く

POINT CHECK!

リズムよく腰を落とす

内野手はバッターとの距離も近く、強い打球がくるために低い体勢からスタートを切ることが大切だが、低い体勢を長くつづけていると筋肉が固まってしまう。そこで、足踏みをしたりしてリズムをとりながら、ピッチャーの投球モーションに合わせて腰を落とす動作を取り入れてみよう。

1 グラブや足踏みでリズムをとる。

2 投球モーションに合わせて腰を落とす。

3 ボールの高さに目線を合わせる。

正面のゴロは両手で確実にさばく

ボールの左右、高低でグラブを的確に出す

グラブの出し方

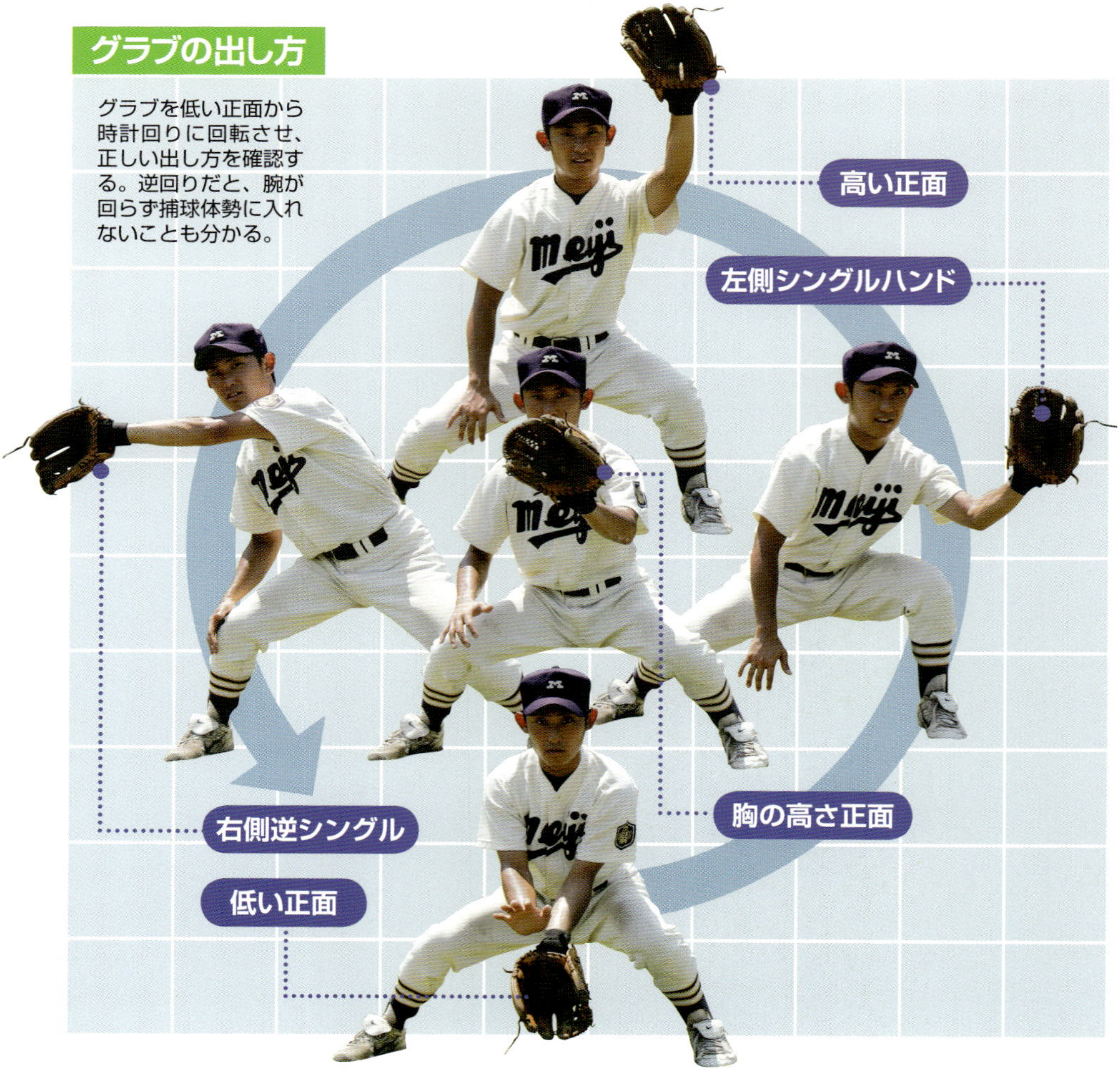
高い正面
左側シングルハンド
胸の高さ正面
右側逆シングル
低い正面

グラブを低い正面から時計回りに回転させ、正しい出し方を確認する。逆回りだと、腕が回らず捕球体勢に入れないことも分かる。

野手にはゴロ、ライナー、フライなど、さまざまな打球が飛んでくるが、特に内野手はバッターとの距離が近いので、すばやく確実なグラブさばきが求められる。まずは、上の写真のようにグラブを回すことで、正しい出し方から覚えていこう。

また、もっとも基本となる正面のゴロは、打球の速さ、バウンドの高低を見極めて両手で捕球することが大切だ。ここでも下半身から動き始めることを忘れずにスタートダッシュを早めに切り、グラブを低い位置にセットする。打球のバウンドに合わせ、左足を右足より少し前に出しながらキャッチすると、スムーズな送球体勢に移れるはずだ。

正面のゴロの捕り方

1
その場で待たず、バウンドに合わせてできるだけ前進する。

右手をそえて捕球する！
グラブを左足の内側にセット！

2
腰を落として左足を前に出しながら低い位置から捕球する。

3
グラブを胸元まで引き上げながらステップを踏んで送球体勢に入る。

POINT CHECK!

左足を前に出して グラブをセット

ゴロの捕球から送球までの流れをスムーズにする秘訣は、捕球の際に左足を右足より少し前に出し、左足の少し内側でグラブをセットすること。この動きを取り入れることで、捕球後の右足からのステップに移行しやすいはずだ。ただし、軟式特有の高く跳ねた打球には、多少体勢が崩れることになっても、できるだけ前で捕ることも必要になる。

左足を前に出してその内側で捕球する。

右足前やその外側で捕球すると、前のめりになってステップが踏めない。

左右のゴロはできるだけ回り込む

打球に対して回り込んで右手をそえて体の正面で捕球。
打球に対して回り込む！
3
走る勢いを使ったステップを踏んで送球。
回り込んだ勢いを送球に乗せる！
4

打球の速さと方向を瞬時に見極める

正面の打球には、ボールに対して直線的に進んで捕球することがポイントになるが、左右への打球には、回り込みながら体の正面で捕るクセをつけておきたい。この左右への動きで大事なのは、打球の速さや角度を瞬時に見極めて出す第一歩。バッターのインパクトに目線を合わせ、低い体勢からスタートダッシュしよう。

基本的に左右のゴロ捕球時の体勢に変わりはない。ただし、一塁送球の場合、右への打球は一塁から遠ざかる動きになるので、走る勢いをストップさせて送球する難しさがある。逆に左への打球は、一塁へ近づきながら捕球できるので、走る勢いを有効に使って送球できることを覚えておこう。

右方向の打球

すばやく打球の正面に回り込み、余裕があればステップを踏んで捕球。

構え

両足の真ん中に重心を置き、左右のスタートに備える。

左方向の打球

左足に体重をかけて右足で一歩目を出す。

START
START
捕球後に体が流れないように！
上体は正面を向いたまま！
2
1
2

POINT CHECK!

低い体勢でスタートを切る

非常に遠いボールを追うのでない限り、構えでの低い体勢のままスタートを切るのがゴロを処理するときの基本。腰高でスタートを切ると、目線もブレ、グラブを上から出すことになるので注意しよう。

低いスタートを切って低い位置にグラブをセット、下から上へのグラブの動き。

腰高で打球を迎え、上から下へのグラブの動きをすると、後逸する可能性が高い。

間に合わないゴロはシングルハンドで捕球

逆シングルでは、体が流れないようにする

左右のゴロで打球が速く、正面に回り込むことができないケースもある。そんなときは体の正面での捕球にこだわらず、腕を伸ばしたシングルハンドで捕球しよう。

シングルハンドでも、自分の左方向の打球は、回り込んだときと同じように走る勢いを使えるので、グラブをしっかり胸元まで引き上げてから送球することが大切だ。

一方、自分の右方向の打球は、手首を返して捕球する逆シングルハンドになるが、捕球後にそのまま体が右へ流れないように体を切り返す動きがポイントになる。グラブを低く用意し、左足を横に出しながら捕球したら、右足を送り出してブレーキをかけるように踏ん張り、送球動作に入ろう。

逆シングルキャッチの体勢

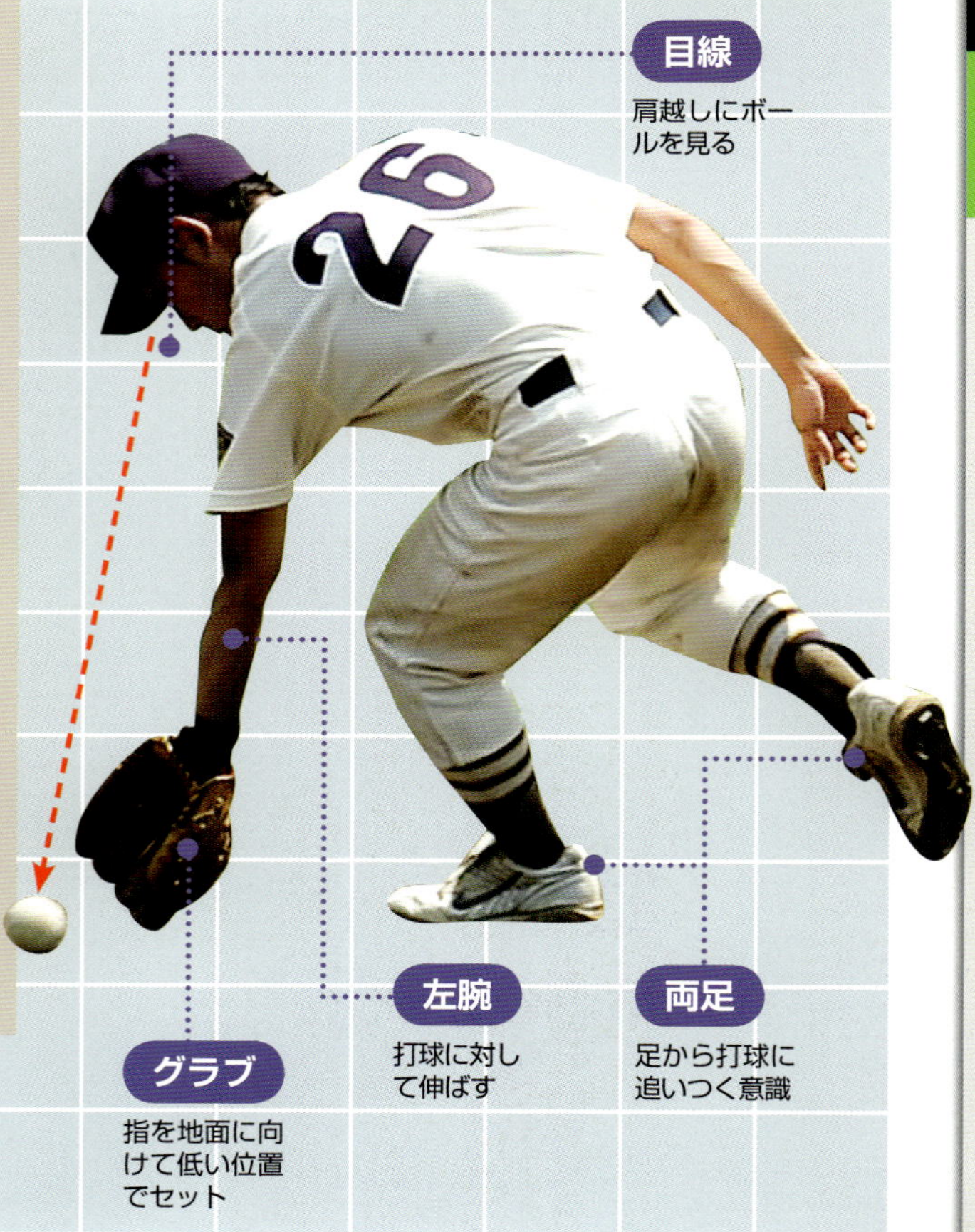
目線
肩越しにボールを見る
左腕
打球に対して伸ばす
両足
足から打球に追いつく意識
グラブ
指を地面に向けて低い位置でセット

POINT CHECK!

左足を踏み出してキャッチ

逆シングルでは左足を打球方向に踏み出し、その足の近くで捕球すると送球にスムーズに移れるはずだ。グラブではなく、まず足がボールに追いつくということを意識しよう。

足を運ばずに腕だけ出して捕ろうとすると、よほどタイミングが合わないと捕球できず、グラブの下を通り抜けてしまう。

逆シングルキャッチの流れ

1
低い姿勢を保ち、できるだけ前で捕れるようダッシュ。
2
左足を横に踏み出しながら、その足の近くで捕球する。
肩越しにボールを見る!
グラブを低くセット!
3
右足でブレーキをかけて体の流れを止める。
右足で踏ん張る!
4
グラブを引き上げ、体を起こしながら送球方向を確認。
5
左足を送球方向にステップし、送球動作に入る。
6
オーバースローで腕をしっかり振って送球。
ワンバウンドでもOK!

BASIC 6
内野手のフットワーク

サイドステップとクロスステップ

クロスステップ

右足を左足の前に交差させて斜め前に投げるクロスステップ。ショート正面で捕ってから一塁へ投げるときなどに有効。

サイドステップ

右足を左足に近づけて真横に投げるサイドステップ。サード正面で捕ってから二塁などへ投げるときなどに有効。

送球方向でステップを使い分ける

バッターの打球をキャッチしたら、すかさず送球に入ることがアウトの確率を高めるコツだが、捕球から送球へ体の動きをスムーズにつなげるのがステップだ。ステップにはサイドステップとクロスステップがあり、どちらも日ごろの練習でくり返して体にしみつけておきたい。

この両者のステップの違いは、捕球した後の右足の出し方で、サイドステップは右足を左足に近づける「カニ歩き」のイメージで、クロスステップは、右足を左足の前に「交差させる」イメージだ。使い分けとしては、捕球時の体の向きと送球方向による。真横に投げるならサイド、大きく踏み出して投げるならクロスステップを使おう。

サイドステップの流れ START

1
2
3
4
右足を左足に
引き寄せる！

1 捕球時の体勢と送球方向が真横のケース。

2 右足で地面を蹴って左足の内側に近づける。

3 右足の着地と同時に左足を送球方向へ。

4 左足をステップして送球体勢に入る。

クロスステップの流れ START

1
2
3
4
120
右足を
左足の前に
交差させる!

1 捕球時の体勢と送球方向が斜め前のケース。

2 右足で地面を蹴って左足の前へ交差させる。

3 右足の着地と同時に左足を送球方向へ。

4 左足をステップして送球体勢に入る。

POINT CHECK!

右足を左足の後ろに交差させるクロスステップ

10年近く前までは、同じクロスステップでも、右足を左足の「後ろ」に交差させるものが主流だったが、このステップは目線が左に流れやすく、上体が起きやすいという面から、右足を「前」に交差させるステップに様変わりした。もちろん、体の流れを抑え、上体をしっかり送球方向に向けていれば何ら問題はないし、ショート正面から本塁送球のケースなど、こちらのステップの方が理にかなう場合もあるので、体の向きと送球方向を理解したうえで使い分けてほしい。

右足を左足の後ろに交差させるクロスステップ。

内野手の送球①

上から投げるオーバースロー

大きな重心移動を使って腕を振ることで、すばやく正確なスローイングを目指す。

大きな体重移動でコンパクトに投げる

打球に対してすばやくアプローチし、捕球してステップ、そして最後に送球を終えてこそ野手の守備は完結する。この送球には、オーバースローやサイドスロー、トスなどいくつかの方法があるが、まずはもっとも速く、遠い距離を投げられるオーバースローから身につけよう。

野手の送球のメカニズムは、基本的にはピッチャーの投球のそれと変わりはない。ただし、野手は捕球からステップを踏むことで大きな体重移動ができ、送球相手への距離が短いことも多いので、ピッチャーのようにダイナミックなフォームよりもコンパクトなフォームが求められる。

オーバースローの流れ START

1
軸足で踏ん張って体重を乗せる！
2
ステップした左足に体重移動しながら送球体勢に入る。
3
左足に十分に体重を乗せてリリースする。
左足に体重を乗せ切る！
4

軸足（右足）に体重を乗せてひじを引き上げる。

コンパクトでもしっかりフォロースルーをとる。

POINT CHECK!

腕を振り切るかどうか

レベルの高い選手のオーバースローは、腕を最後まで振り切るというよりも、送球相手に腕と手が伸びていくようなフィニッシュになる。これは手首をうまく使った「スナップスロー」で、相手に手渡すようなイメージで投げているためだ。ただし、送球する距離の見極めとかなりの筋力、体重移動のうまさが必要なので、年少者や入門者は、キャッチボールと同様に腕を振り切る送球からマスターしていくべきだろう。

短い距離なら、送球相手に手渡すようなスナップスローが有効。

遠い距離やノーステップで送球するときなどは、腕を最後まで振り切る。

横から投げるサイドスロー、下からのトス

サイドスロー
手首
手首を柔らかく使って送球
腕
送球方向に伸びていくようなフィニッシュ
下半身
上半身が不安定なぶん、下半身でしっかりと地面をつかむ感覚
捕球してから体勢を立て直す時間がないときや、一瞬の遅れが勝敗を分けるときなどは、サイドスローを有効に使おう。

コンパクトに送球動作をすばやく

送球相手との距離が短く、投げるボールの「スピード」よりも「送球動作」を速くしたいときに使うのが、横から投げるサイドスロー。オーバースローは、捕球してから体勢を立て直し（上体を起こし）て、もっとも送球しやすい形にもっていくが、サイドスローは、送球時間に余裕がないとき（サードから二塁へのダブルプレーなど）に、コンパクトにすばやく送球できる。

また、送球相手が近い状況（ベース付近で捕球したとき）などでは、腕を振るスローイングよりも、捕球した位置からそのまま手渡しでボールを送るトスが有効だ。特にダブルプレーなどの場合では、相手がベースに入るタイミングと合わせて手渡すようにしよう。

サイドスローの流れ　START

両肩のラインは
地面と平行に!
1
2

捕球してから送球までの時間的余裕がない状況。

右足に体重を乗せてコンパクトに右腕をテイクバック。

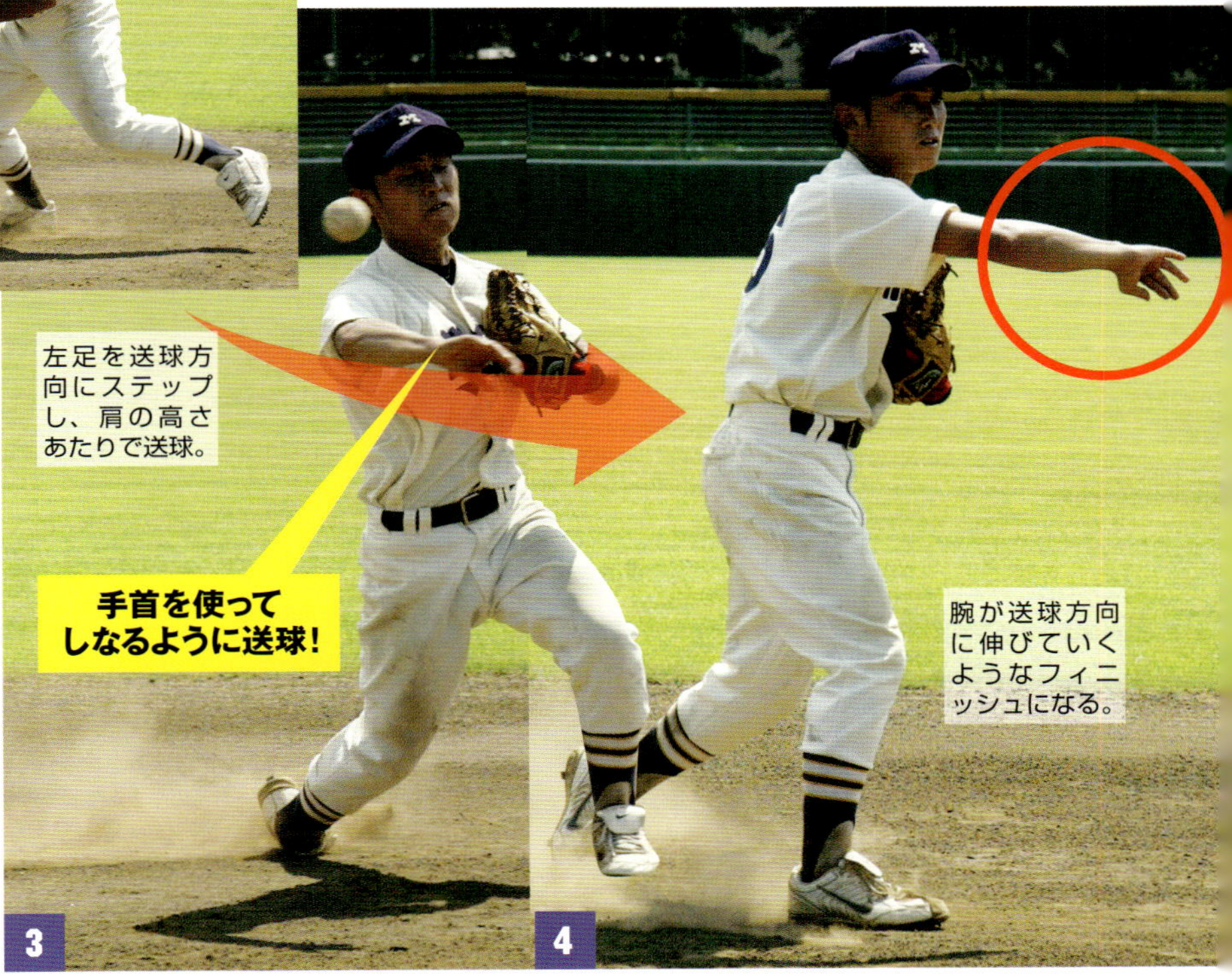
手首を使って
しなるように送球!
3
4

左足を送球方向にステップし、肩の高さあたりで送球。

腕が送球方向に伸びていくようなフィニッシュになる。

トスの流れ　START

体全体でボールを
送るイメージ!

捕球した低い位置からベース上めがけ、相手とのタイミングを合わせてトスする。

手首を上に返すとボールが浮きすぎてしまう。

フライは一歩前に出て捕球する

落下点を見極めてすばやくスタートする

外野手は、内野手よりも広いエリアをカバーする必要があり、打球へのすばやい判断や、足の速さ、肩の強さも必要なポジションだ。また、外野への打球は得点に絡むケースが多く、ひとつのミスが致命的になるので、確実な捕球を心がけよう。

フライの捕球は、何よりもまず一歩目の判断。打球を確認して、前進するのか後退するのか瞬時に見極めなければならない。特に正面のフライは、自分に向かって伸びてくるような打球になるため、距離感をつかみにくいので注意だ。「落下点の真下」に入るのではなく、「落下点の一歩手前」で待ち、前進しながら捕球して「バンザイエラー」をしないように気をつけよう。

外野フライ

正面のフライは距離感が意外とつかみにくいので、打球の伸びなどを見極めて、落下点の一歩手前で捕球体勢に入る。

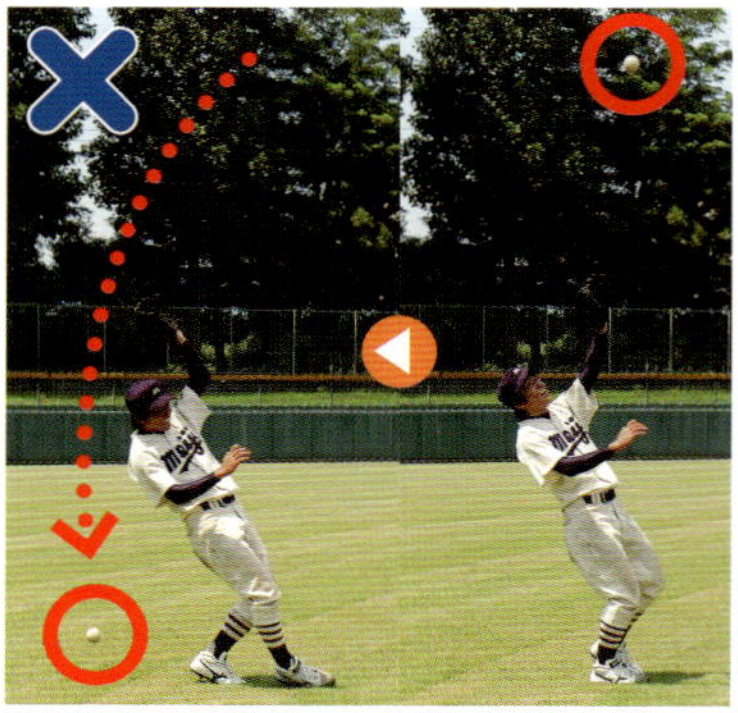

落下点の真下で首や腕を上げて長く待つと、筋肉が固まってバランスを崩す。

後方のフライは、前を向いたまま下がるとスピードが出ず、バランスを崩してバンザイエラーになる。

外野フライの捕り方

1
打球音やボールの上がり方などで落下点を総合的に判断する。
2
余裕があるときには、落下点の一歩手前でボールを待つ。
3
一歩前に出ながら両手で捕球する。
4
確実に捕球し、グラブを胸に引き寄せて送球体勢に入る。
一歩前に出ることでヒザのクッションも使う！

POINT CHECK!

両手か片手か？

フライを大事に捕球するためには、両手でキャッチすることが基本とされているが、何がなんでも両手でキャッチする必要はない。特に、両手捕りを意識しすぎてバチンとグラブを閉じるような捕り方は、上半身のバランスが崩れ、腕の筋肉が張って逆にエラーの原因にもなるのだ。捕球に余裕があるケースで、自然に右手が上がってグラブ横にそえるような動きを身につけておこう。

体全体のバランスをとるためにも、右手を左手と一緒に上げてグラブにそえるようにキャッチする。ただし、ボールへの目線はしっかりと確保すること。

ゴロは確実に体の前で捕球する

外野ゴロ

片ヒザをつけて体で壁をつくれば、イレギュラーなゴロも体の前に落とせる。

腰の位置が高く、ヒザをつけずにグラブを上から出すと、トンネルしてしまう。

ヒザ
立てて起き上がるときの軸足にする
顔
捕球するまでボールを見つづける
ヒザ
地面につけて股の空間をなくす
グラブ
地面につけて下から上へ引き上げる

片ヒザを立て、もう一方のヒザを地面につけることで、後逸をさける

正面に回り込んで片ヒザをつく

外野にきたゴロは、1点を争う展開で、すかさずバックホームというような場合には多少リスクをおかす必要もあるが、ランナーがいない、ランナーがいても間違いなく二塁でストップというような場合には、ボールを体の正面で確実に捕ることが大切だ。

捕り方としては、必ず打球の正面に回り込み、片ヒザを地面につけてもう一方は立てた体勢をとる。そうすれば、ボールが股間を抜けるのを防ぎ、芝生の凸凹で打球がイレギュラーしても体に当てて前に落とすことができる。内野手の後逸はシングルヒット一本のミスでも、外野手の後逸は最悪の場合1点を献上することになりかねないので、大事にプレーしよう。

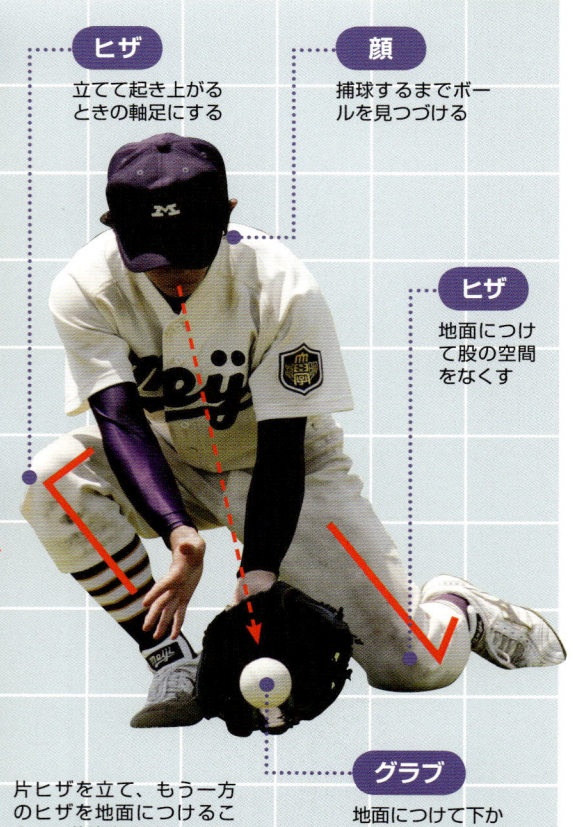

外野ゴロの捕り方 START

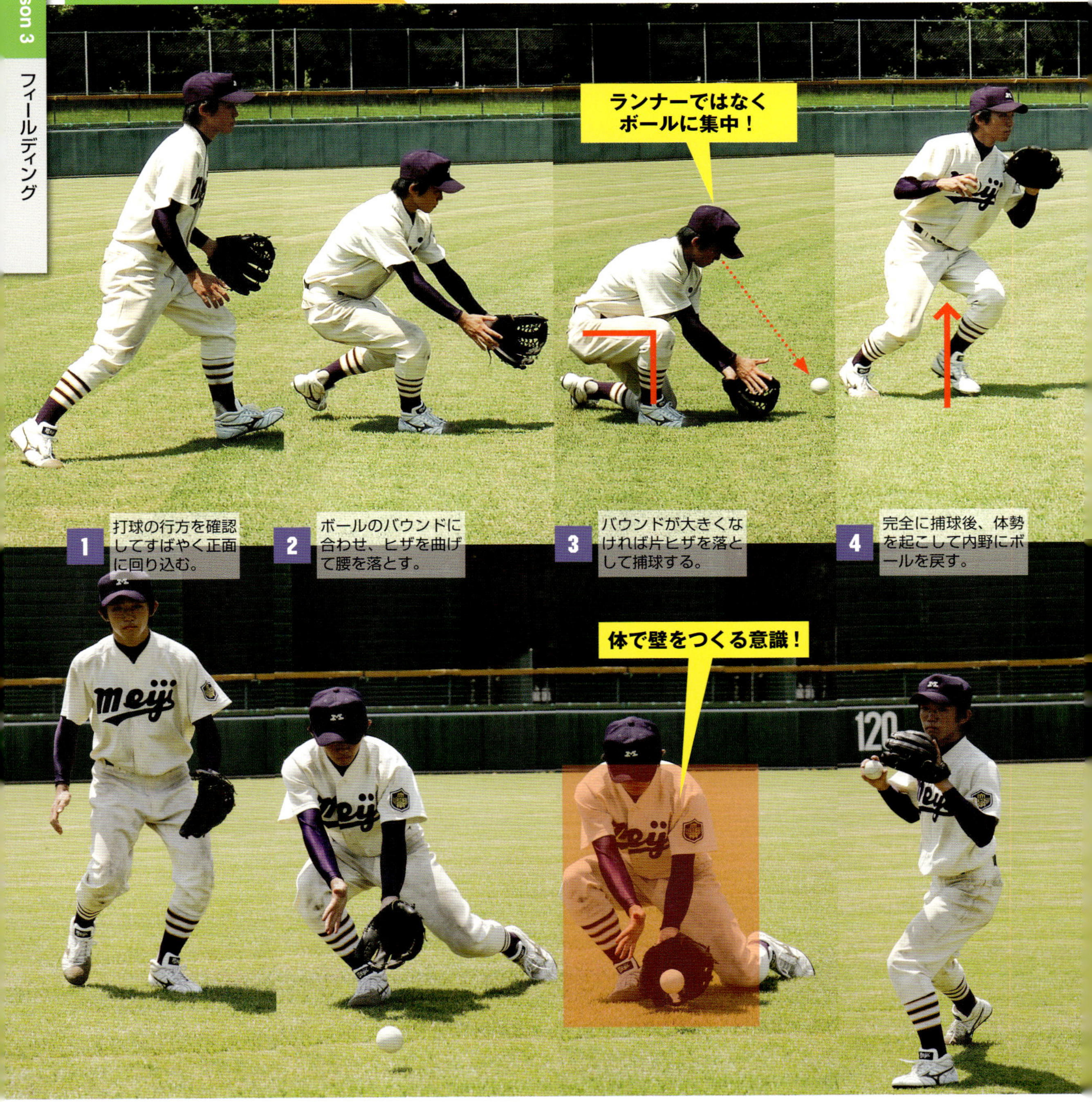
ランナーではなく
ボールに集中！
体で壁をつくる意識！
120

1 打球の行方を確認してすばやく正面に回り込む。

2 ボールのバウンドに合わせ、ヒザを曲げて腰を落とす。

3 バウンドが大きくなければ片ヒザを落として捕球する。

4 完全に捕球後、体勢を起こして内野にボールを戻す。

FIELDING

BASIC11

外野手の守備③

走りながら左足の前でシングルキャッチ

外野ゴロの捕り方（走りながら）
左足の前でボールを捕球する。
体勢を低くしながらグラブを用意。
全身の勢いに乗って体を反転！
勢いに乗って反転し、送球体勢に入る。
グラブを引き上げながら体勢を起こす。
ボールを見つづけ、左足の前で捕球！
4
3
2
1

後逸をさけながらもアグレッシブに捕球

外野に抜けるヒットを捕球し、バックホームやバックサードでランナーを刺したいときなどは、片ヒザを落とした体勢での捕球では間に合わない。そんなときは、ややリスクがあっても走りながら捕球して、すかさず送球するということが必要になる。スムーズに送球体勢に入るためにも、左足の前で捕球することを心がけよう。

ランナーに一瞬でも気を取られると、ボールから目が離れて後逸する危険が高い。

LESSON 4
ポジション別
POSITION

ポジション別の守備範囲と特徴

ポジション名と守備範囲

8
センター
(中堅手)
7
レフト
(左翼手)
9
ライト
(右翼手)
ショート
(遊撃手)
6
4
セカンド
(二塁手)
サード
(三塁手)
5
1
3
ファースト
(一塁手)
ピッチャー
(投手)
2
キャッチャー
(捕手)

野手には守備番号というものがあり、スコアブックなどにはポジション名ではなく守備番号で簡易的に記載する。高校野球などは背番号1の投手から捕手、反時計回りに内野手、最後に遊撃手とつづき、外野手は時計回りに背番号を振っている。

ひとつの打球に全員が連係して動く

フィールドにはピッチャーを含めた9人の野手が配置されているが、多くの打球が野手の正面をつくことを不思議に感じたことはないだろうか。長い野球の歴史の中で、野手の位置と守備範囲が変化していないのは、それが絶妙なバランスを保っている証拠だ。

それぞれのポジションでは、打球の性質や守備範囲に差があるが、共通して言えることは、ひとつの打球に対して全員が何らかの役割を持っているということ。打球がこなくても、バックアップや中継、声がけなど、ひとつのチームとして連係して動くことがポイントだ。ポジション別の特徴をおさえ、自分に求められる役割を理解して試合に臨む気持ちを持とう。

P110
へGO!

P104
へGO!

FIRST BASEMAN

ファースト

どんな送球が来ても体を
精一杯使ってキャッチ

P96
へGO!

SECOND BASEMAN

セカンド

細かく動き回る内野陣の頭脳

CATCHER

キャッチャー

投球を組み立て、
ホームを死守する守護神

OUT FIELDER

外野手

俊足、強肩で広大な
フィールドをカバー

SHORT STOP

ショート

広い守備範囲と強肩、
抜群の野球センスが必要

P126
へGO!

P120
へGO!

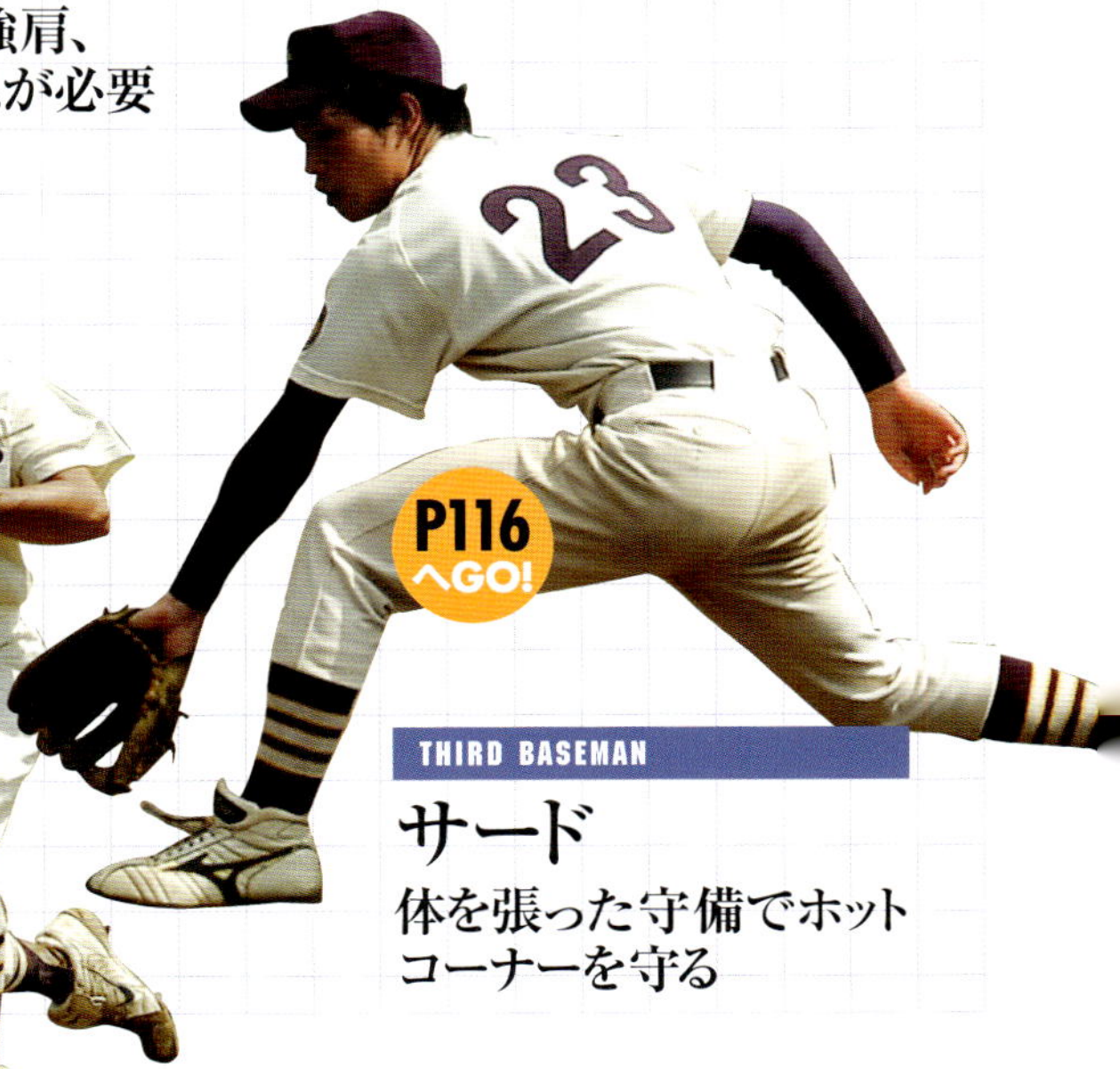

P116
へGO!

THIRD BASEMAN

サード

体を張った守備でホット
コーナーを守る

POSITION

BASIC 2

キャッチャーの守備①

キャッチャーの構えと捕球のしかた

キャッチャーの構え方

ランナーがいない場合

両足のヒザをピッチャーに向け、腰を落としてどっしりと構える。

ランナーがいる場合

すばやく送球できるようにやや腰を浮かし、右足を後ろに引いておく。

右手
右ヒザの近くか後方におく
左手
ヒザよりも前に出しておく
ミット
低く構えてピッチャーに向ける
両足
肩幅よりも広くおき、親指に重心をおく

左足のヒザを地面につけるように構えてもよい。左足が前に出ていないぶん、ミットの可動域が最初から広くなるのがメリットだ。

腰を落としてミットも低く構える

キャッチャーは、フィールド上でただひとり、バックネットに背を向けてすべての野手を視界に入れることのできる選手だ。キャッチャーの第一の務めは、ピッチャーに安心感を与える構えでその能力を最大限に引き出してあげること。腰を落とし、ミットの芯をピッチャーに見せるようにして低い位置に構えよう。また、両足の親指に重心をかけて、投球がそれたときに左右に動けるようにしておくことも大切。

キャッチャーの構え方は、ランナーの有無で2通りのものがある。特にランナーがいるときは、腰をやや浮かせ気味にして右足を引き、盗塁に備えた体勢をとることがポイントになる。

捕球のしかた START

ミットを一度下げて
手首の固まりをほぐす！

1 サインを出したらミットの芯を見せて的にする。

2 ピッチャーがリリースしたらミットを軽く下げる。

3 コースに合わせてミットを上げて捕球する。

POINT CHECK!

ボールを後ろにそらさない

キャッチャーはどんな悪送球でもボールを後ろにそらしてはいけない。捕球時の体勢の基本は、ミットを横にして捕るが、低いボールの場合は指を下に向けるようにする。特にショートバウンドの場合は、ミットを地面につけて股間からボールが抜けるのを防ぎ、もしボールが捕れなくても、胸を前に出してボールを前に落とすようにしよう。

START

1 ミットを横にした基本体勢で待つ。

2 ボールのコースと高低を見極める。

3 指先を下に向けて右手もそえる。

4 股間を閉じて体全体でボールを止める。

ゴロとフライの捕り方

ゴロとフライの対応

キャッチャーは、後方のフライや目の前のゴロには積極的に捕りにいかなければならない。軽いフットワークですばやく打球に向かおう。

マスク
すばやく外して捨てる
顔
打球方向を見極める
両足
親指に力を入れて立ち上がる

すばやくマスクを捨ててダッシュ

キャッチャーはピッチャーの投球を捕るだけでなく、当たりそこねやバントをされたときのゴロ、ピッチャー方向やネット方向に上がったフライにも対応する必要がある。そうしたゴロやフライを処理するときは、すばやくマスクを外して俊敏に動こう。

ゆるく転がったゴロの場合、素手やミットだけで捕ろうとすると、ボールに回転がかかっていて捕りそこなうことがある。ボールの横に入り込み、頭の真下で両手ではさむようにして捕ることが大切だ。

また、フライが上がったら、打球の行方を見極めてマスクを反対方向に捨てる。捕球は胸の前ではなく、ボールをよく見てできるだけ顔の前で捕球するようにしよう。

ゴロの捕り方 START

マスクを外してすばやく立ち上がる。
自分が捕ると決めたら声を出して走る。
ボールの横から回り込んで捕球体勢に入る。
手とミットを使って頭の真下で捕る。
すばやく拾い上げて送球体勢に入る。
オーケー!
両手ではさみ込んで捕る!
1
2
3
4
5

フライの捕り方 START

フライが上がった瞬間にマスクを外す。
打球の方向を見極めてマスクを捨てる。
すばやくダッシュして落下点に入る。
ひじを伸ばし切らずに顔の前で捕球する。
走る方向と逆に捨てる!
1
2
3
4

ホームでのタッチプレー

タッチプレー

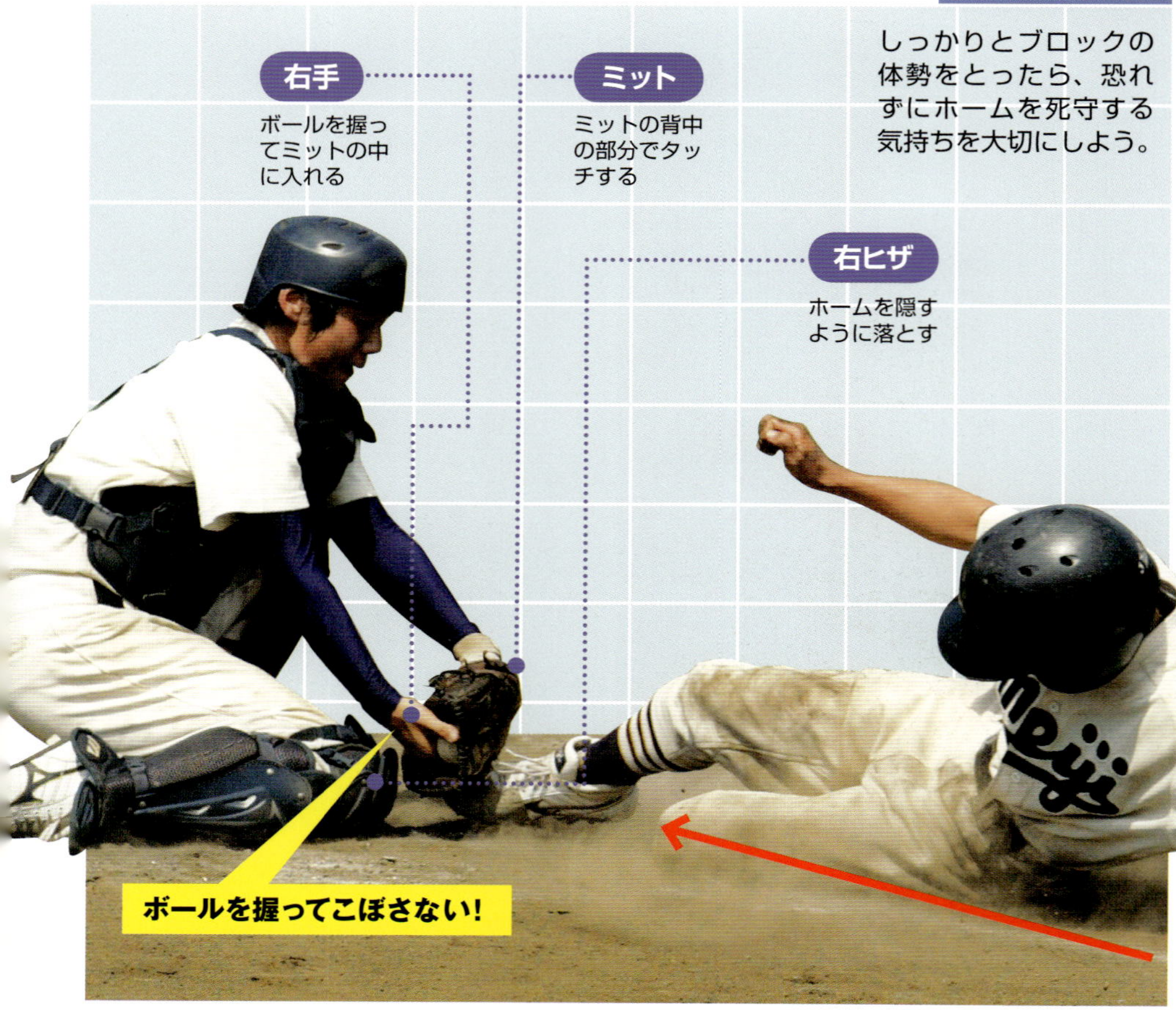
右手
ボールを握ってミットの中に入れる
ミット
ミットの背中の部分でタッチする
右ヒザ
ホームを隠すように落とす
ボールを握ってこぼさない!

しっかりとブロックの体勢をとったら、恐れずにホームを死守する気持ちを大切にしよう。

右足のレガース部分でしっかりブロック

ホームに突入してくるランナーに対してタッチにいくクロスプレーでは、体当たりのような激しいシーンも見られ、キャッチャーには体を張ったプレーも要求される。

このときにまず必要なのが、ランナーからベースをブロックすること。右足のレガースの部分をベースの上にかぶせて、ランナーのベースタッチを防ぐ。さらに、ランナーのスライディングの衝撃でボールをこぼしてしまわないように、右手でボールを握ってミットの中にねじこみ、ミットの背中（手の甲）の部分でタッチすることがポイントだ。ホームから離れて返球を受けると、回り込んだランナーに手でベースタッチされるので注意しよう。

ブロックしてタッチ

バックホーム！
野手に両手を上げてアピールする。
1
ホームをまたいで捕球体勢に入る。
2
右足のヒザをついてホームをブロックする。
右足でしっかりブロック！
3
ミットを右ヒザの前に出して背中の部分でタッチ。
ミットの背中でタッチ！
4

POINT CHECK!

捕球してからブロック

野手からのバックホームは、つねにストライクがくるとは限らない。送球がそれるときもあるし、ショートバウンドになるかならないかの微妙なときもある。ここで注意したいのは、まず捕球をしてからブロックにいくこと。ランナーが向かってくるのであせる気持ちはあるが、ボールを弾きやすいミットだけに、体勢を低くして捕球に集中しよう。

低いボールの逆ハンドでの捕球は、初心者にはおススメしない。それよりも左足が浮いて手だけ伸ばし、安定感のある捕球体勢がとれていないことが問題だ。

POSITION

BASIC 5

キャッチャーの送球

二塁・三塁への送球

キャッチャーの送球
ボール
野手ではなく塁上へ送球
腕
オーバースローで腕を振り切る
左足
送球方向へ真っすぐにステップ
右足
送球方向に直角にステップし、送球時にはかかとが上がる

軸足からステップ足に体重移動して送球

盗塁に対する送球もキャッチャーの大切な仕事で、セーフになればピンチが広がり、アウトにできれば相手の攻撃の芽をつむことができる。試合での大きな転換点にもなる重要なプレーだ。

ランナーがいるときはやや腰を浮かせて右足を後ろに引いて構える(→P96)が、盗塁を確認したら捕球と同時に立ち上がり、軸足となる右足に体重をかけて送球動作に入ろう。キャッチャーは野手のように大きなステップを踏めないので、この軸足を決める動作が重要になる。また、軸足を決めたらすかさずステップ足(左足)を送球方向に真っすぐに踏み出し、軸足からステップ足に体重移動することで力強い腕のスイングを目指そう。

二塁への送球 START

右足を後ろに引いて腰を浮かせた体勢で捕球。

1
左足に体重移動しながら腕をスイング。
オーバースローで腕を振り切る。
右足を二塁と直角にして軸足にする。
ひじを上げて左足を二塁方向へステップ。
2
軸足に体重を乗せる！
3
4
5
ステップ足に体重を乗せる！

三塁への送球

右足を後ろに一歩引いて右バッターから離れる。

右足で踏ん張って左足を三塁方向へステップ。

左足に体重を移動しながらすばやく送球。

腰を浮かせながら捕球する。
1
2
3
4
バックステップで送球コースを確保！

POSITION

BASIC 6

ファーストの守備①

守備位置とけん制球の受け方

ランナーがいないときの守備位置

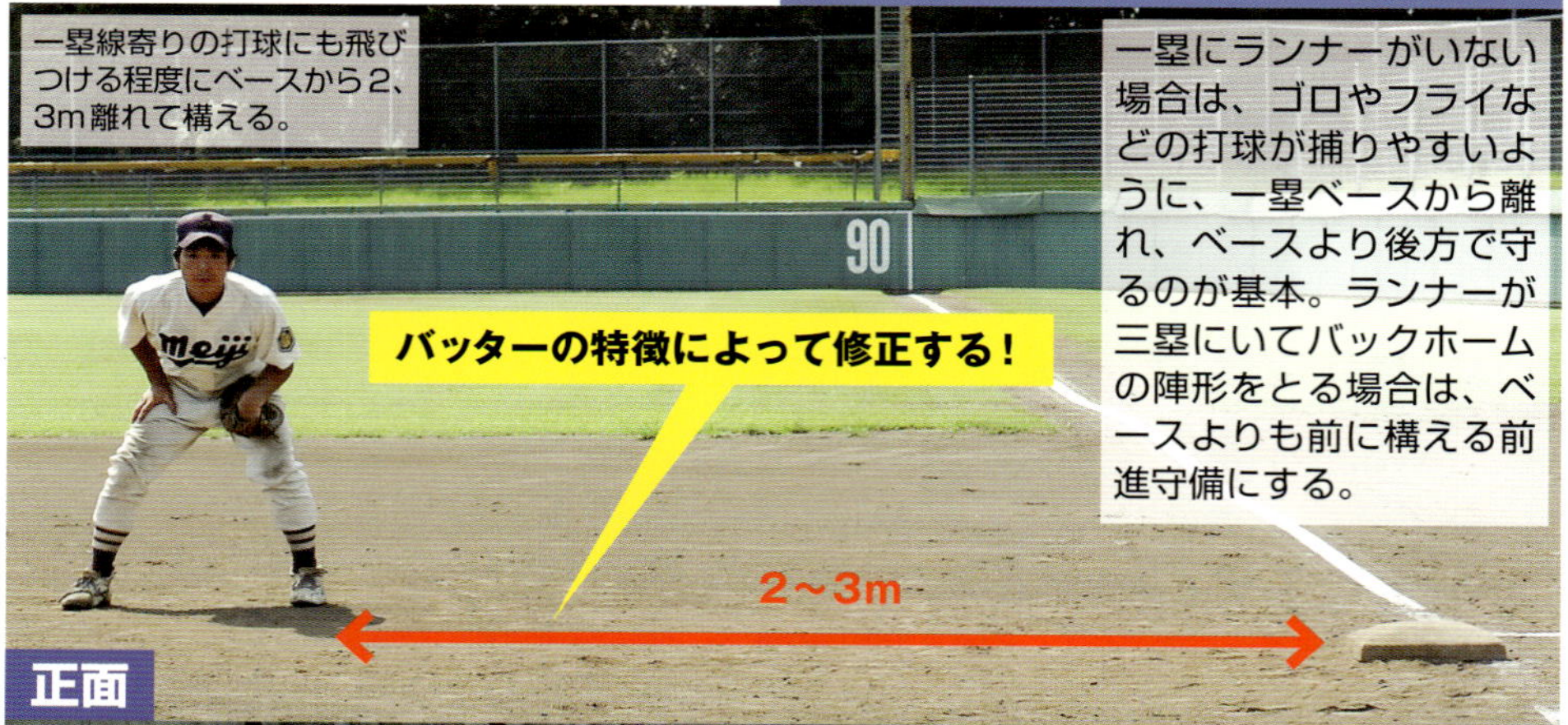
一塁線寄りの打球にも飛びつける程度にベースから2、3m離れて構える。

一塁にランナーがいない場合は、ゴロやフライなどの打球が捕りやすいように、一塁ベースから離れ、ベースより後方で守るのが基本。ランナーが三塁にいてバックホームの陣形をとる場合は、ベースよりも前に構える前進守備にする。

バッターの特徴によって修正する！

2～3m
正面

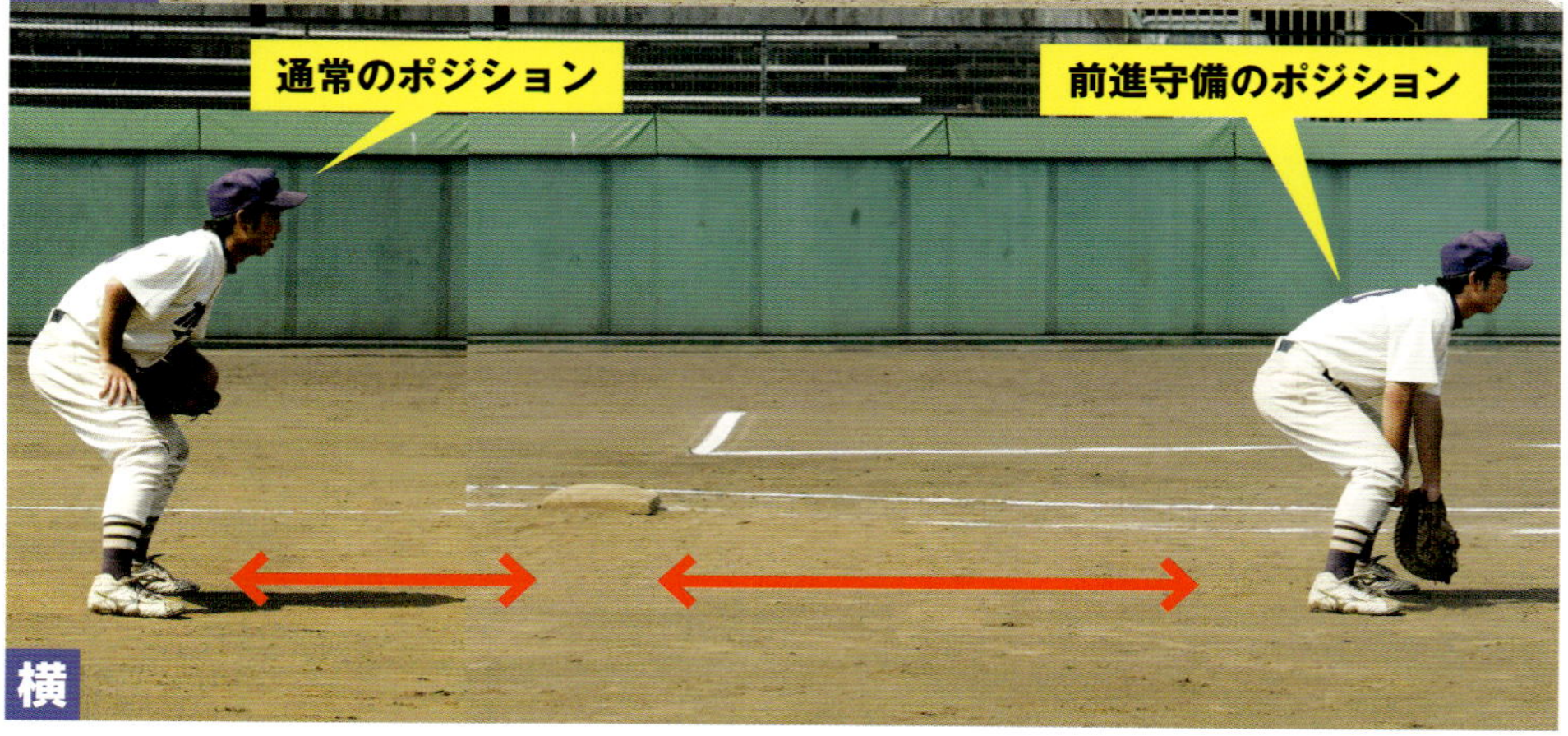
通常のポジション
前進守備のポジション
横

基本の守備位置と前進守備

ファーストの一番重要な務めは、内野手から送球されたボールを確実にキャッチして打者走者をアウトにすること。高いボールやショートバウンドなどさまざまなボールがくるが、ジャンプしたり、足をいっぱいに伸ばしたりして捕ることも多く、背が高くてリーチの長い選手が適している。

　また自分でゴロを捕って、セカンドやサードに投げるときには左投げのほうが投げやすいので、投手を除く内野手では唯一、左利きの選手が守ることが多いのも特徴。ランナーがいない場合は、一塁ベースの後方で守っているが、他の内野手のところにボールが飛んだらすかさずベースに入り、送球相手に体を向けて大きな的をつくろう。

ランナーがいるときの守備位置

送りバントにも備えて、前進守備で構える
ピッチャーが投球する瞬間にベースを離れる。
右足でベースの角を踏み、ピッチャーに体を向ける。
3
2
1
右足でベースを踏む！

POINT CHECK!

ベースを離れるタイミング

ベースを離れるときのタイミングは、ピッチャーが利き腕をテイクバックした瞬間がいいだろう。離れるのが早いとランナーのリードを許し、遅いと打球に反応できないので注意だ。

ランナーがいる場合は、ピッチャーのけん制球を受けるためにベースについて構える。内野ゴロの送球を受けるときは「利き足」でベースにつくが、この場合はランナーにタッチしやすいように、「利き手に関係なく右足」でベースを踏む。そしてピッチャーが投球動作に入ったらベースを離れる。

けん制球の受け方

捕球したらすかさずランナーにタッチ。
体を伸ばさずにボールを引きつける。
2
1
ボールを引きつけて捕球！

内野手から送球を受ける場合はできるだけ体を伸ばしてキャッチするが（→P106）、けん制球の場合はランナーにタッチしやすいように引きつけて捕球する。捕球したらすばやくタッチにいくが、相手がスライディングで戻るようなクロスプレーのときは、ベースの縁にミットを下ろす。

送球の受け方

POINT CHECK!

低いボールの捕り方

上級者では、低い送球に対して股間が地面につくくらい開脚してキャッチするシーンも見られる。ファーストは体が大きくて的になりやすいとともに、こうした柔らかさも要求されるポジションだ。

基本の送球の受け方

利き足
二塁寄りのベースの縁を踏む
顔
なるべくミットと同じ高さにする
ミット
ボールが来る方向に伸ばす
ヒザ
ボールの高さに合わせて曲げ方を調整
逆足
ボールが来る方向に踏み出す

利き足でベースを踏んで構える

内野にゴロが飛んだとき(まれにライトにライナー性の打球が飛んだとき)は、すばやくベースに戻って送球に備えるが、このときのポイントは、利き足でベースを踏むこと。アウトにできるか微妙な場合、利き足でない足で踏むよりも、利き足で踏んで待ったほうがボールに向けて体がよく伸び、少しでも早く捕球することができるからだ。また、捕球してからすぐに送球体勢に入れるというメリットもある。

　ベースに入ったら、野手に体を向けて大きな構えで的をつくり、ボールが来たらミットを前に差し出して、ボールがよく見えるようにできるだけ顔に近い場所で捕るようにしよう。

ショートバウンドの捕り方

ワンバウンドするかどうか微妙なボールが来た場合、体をいっぱいに伸ばしてノーバウンドで捕球するか、イレギュラーなどの変化が少ないバウンド直後のショートバウンドで捕るようにする。ショートバウンドは普通に手のひらをボールに向けてすくい上げるか、左方向のボールならば逆シングルでキャッチするが、いずれの場合もミットを立てるようにすることが大切。

ミットが地面につくくらい低く用意する。
1

バウンド直後が捕球のタイミング！
ミットを立ててバウンドの直後にとらえる。
2

ボールがこぼれ出ないようにすくい上げる。
3

ベースに固執するあまり、ボールを後逸しては何にもならない。ボールがそれたら、一度まず離れてキャッチし、その後でベースを踏むこと。

ワンバウンドしたボールに対してミットを上からかぶせるようにすると、落球したり後逸する可能性が高くなるので注意。

ゴロやバント処理のしかた

バントの処理

ピッチャーの投球と同時に前進守備の体勢に入る。

セカンド方向に強めにするプッシュバントのような特殊な例を除いて、バントではバッターは一塁線か三塁線のいずれかに転がしてくる。ファーストはダッシュしてボールを捕りにいくが、バントの構えからヒッティングというバスターの可能性もあるので、バッターの動作を注意深く見極める。

1

ダッシュして捕球、体を反転させて送球

バント守備もファーストの重要な役目。ベースについてけん制した状態から投球とともに前進守備の位置へ、さらにバッターがバントの構えをしたら前進して少しでも早く捕球することが大切だ。捕球後は体を反転させて一塁に送って打者走者を確実にアウトにするか、キャッチャーの指示に従って二塁(ランナー一・二塁の場合はサードも)に送球する。相手バッターにプレッシャーを与えるためにも、猛然とダッシュして捕球、送球を心がけよう。また自分がファーストゴロをさばいたときには、ベースカバーに入ったピッチャーやセカンドにトスするか、自分でベースを踏みに行くかを瞬時に見極めることが必要になる。

バントを確認したら打球に向けてすばやくダッシュ。
2
ミットを下げて大事に捕球！
ボールの正面に回り込んでしっかりキャッチ。
3
すばやく反転して一塁を向く！
一塁のベースカバーに入った野手に送球。
4

POINT CHECK!

ファーストゴロの処理

ファースト方向にボールが飛んだとき、自分でベースを踏みに行って間に合うと思えばピッチャー（またはセカンド）を制して自分でベースに入るが、一・二遊間のゴロや、横っ飛びのキャッチで体勢を立て直す時間がないときは、一塁ベース上に向けて軽くトスする。手首だけを使わず、体全体でボールを渡すイメージを持とう。

ベース上にトスする！

ベースから離れた位置で捕球した場合は、走っているピッチャーではなく、ベースの上を目がけてトスするほうがピッチャーも捕りやすい。

POSITION

BASIC 9

セカンドの守備①

二塁への送球のしかた

▶二塁にごく近い場合はトスするほうが確実だ。

左足を右足より前に出した体勢で捕球する。

グラブを引き上げながら右足を後ろに引き始める。

正面のゴロを二塁へ送球

正面のゴロを捕って二塁へ送球するときは、左足を前に出した体勢でボールを捕り、右足を後ろに引いて二塁方向に体を向けて送球する。ダブルプレーなど時間的余裕がないときは、足はそのままで上体だけひねって送球することもある。

ゴロの方向でステップを使い分ける

セカンドは守備範囲が広いうえにけん制、盗塁、ダブルプレー、中継など前後左右の動きでさまざまな役割を果たさなければならず、近代野球の要《かなめ》とも言われる。俊敏な動きとすばやい状況判断が要求されるポジションだ。

セカンドの守備の特徴として、ダブルプレーなどで二塁へ送球する場合は、2種類の方法がある。体の正面でゴロをさばいたときは、右足を後ろに引くか足はそのままで上体だけ二塁にひねって送球する。それに対して左側のゴロをさばくときには、左足を前に出した状態で捕球し、右足で体の流れを止めながらホーム方向に背中を見せるように体を反転させて送球しよう。

手首を使ってコンパクトに二塁へ送球。
手首を柔らかく使って投げる！
5
体重は左足にかけたまま、右手をテイクバック。
右足を左足の後ろまで引いて体を二塁に向ける。
4
左足を軸にして体を右反転！
3

左方向のゴロを二塁へ送球

右足で踏ん張る!

4 左足に体重を移しながら二塁へ送球する。

3 右足の踏ん張りで体の流れを止めて体を左反転する。

2 グラブを引き上げながら右足を進行方向に出す。

1 左足を前に踏み出して捕球する。

左方向のゴロを捕るときは体も左に流れているので、その動きを一度止めてから送球つなげたい。左足を前に踏み出した体勢で捕球し、右足をそのまま進行方向に送る。そしてその右足で踏ん張って横へ流れる動きを止めてから送球する。

けん制の入り方とタッチのしかた

ランナーは足からベースに到達するので、体にタッチしても後追いになってしまう。
ベースの三塁側にグラブを振り下ろしてタッチ。
体にではなくベースの縁にグラブを下ろす!
ベース
4

ショートと呼吸を合わせてけん制に入る

二塁にランナーがいる場合、大きなリードを許すとワンヒットでホームに帰られてしまうので、こまめにけん制してリードを最小限にさせる必要がある。また、ランナーばかりに気をとられると、一・二塁間の空きが大きくなってバッターのねらい打ちにあうので、ショートとの連係プレーで、ベースに入ったり離れたりしてランナーをけん制したい。

けん制はピッチャーとの呼吸を合わせることが大切だが、ピッチャーは二塁ベース上目がけて投げてくるので、とにかく一気にベースに向かう。捕球したらベースの三塁寄りの縁にグラブを下ろすようにしよう。

けん制の入り方 START

けん制は頻繁にベース付近まで行ったり戻ったり細かく動くのが基本だが、ときにはしばらく動かず、ランナーが油断したら突然入るというような駆け引きも大切。ランナーの視線が外れたときに一気にスタートを切ろう。

ピッチャーの動きを見てすばやくベースに駆け寄る。
ランナーを見ずに捕球に集中！
体勢を低くしてボールをキャッチ。
ランナーを見ながらタイミングをうかがう。
1
2
3

POINT CHECK!

ピックオフプレー

ショートがランナーにプレッシャーをかけながらけん制に入り、途中で戻る動きを見せる。そしてランナーが気をゆるめた瞬間に、セカンドがベースに入るというテクニックがピックオフプレーだ。サインを出し合い、息のあったコンビネーションが大切なので、日ごろから練習しておこう。

ランナーが油断したスキにダッシュ！
1
2
3

1 ショートがけん制に入って戻る動きを見せる。

2 ランナーを油断させてセカンドが動き出す。

3 呼吸を合わせたピッチャーの送球を受ける。

ダブルプレーの転送のしかた

基本の転送のしかた

▲ショートからのトスを受けてベースを踏む。

右足に体重を乗せて右に動く流れを止める。

◀ランナーと交錯しないように一塁へ転送する。

ベースを右足で踏む方法と左足で踏む方法

セカンドの守備で非常に重要なのが、ランナーが一塁にいるケースで他の内野手にゴロが飛び、二塁で送球を受けて一塁に転送する、ダブルプレーの中継点になること。すべての内野手から送球されるケースがあるが、いずれも二塁に入るために右へ走り、送球は左方向という、力の向きが逆の動きになる難しさがある。

送球を受けてからそのままベース上にいるとランナーと交錯してしまうので、逃げながら右足で踏ん張って送球することが必要になる。「左足」でベースを踏んで右足を外野かホーム方向に踏み出す方法と、「右足」でベースを踏んでそのままホーム方向に駆け抜けてから送球する方法の2つを学ぼう。

左足でベースを踏む方法

左足でベースを踏むと、次に右足を踏み出してすぐ軸足にできるので、すばやく送球体勢に入ることができる。右足は外野方向、ホーム方向どちらに踏み出してもいいが、ステップが小さいとランナーと交錯する危険があるので注意すること。

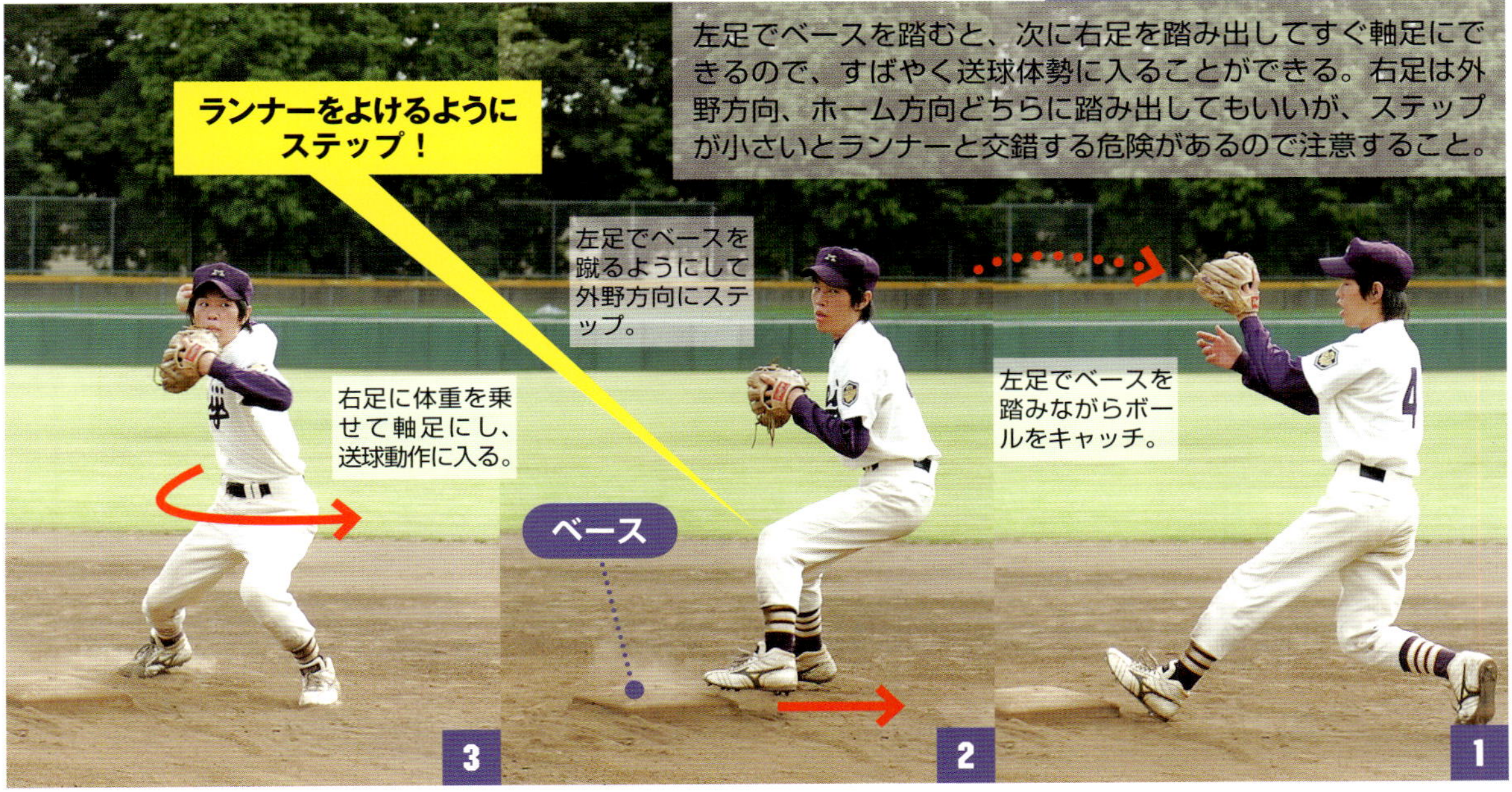
ランナーをよけるように
ステップ！
右足に体重を乗せて軸足にし、送球動作に入る。
左足でベースを蹴るようにして外野方向にステップ。
左足でベースを踏みながらボールをキャッチ。
ベース
3
2
1

右足でベースを踏む方法

ベースにスピードをつけて入ったような場合は、右足でベースを踏んでそのまま駆け抜け、左足、右足と順番にステップを踏みながら体の流れを止める。右足を踏ん張ったら、すばやく体を切り返して送球動作に入ること。

右足を踏ん張って送球体勢に入る。
一塁方向に体を
切り返す！
左足、右足と駆け抜けながら体の流れを止める。
右足でベースを踏みながらボールをキャッチ。
ベース
右足
左足
3
2
1

POSITION

BASIC 12

サードの守備 ①

守備位置と送球のしかた

構えと守備位置

2～3m

三塁線の速い打球にも対応できるようにベースから2、3mの位置に構える。あまり深い位置だとバントヒットをねらわれるので、ベースのやや後ろくらいが定位置。

目線
バッターのインパクトの高さに合わせる
ヒザ
ボールが来る方向に向ける
右足
少し後方に引いておく
つま先
重心をかけてスタートを切る

低く構えて速い送球を心がける

バッターからもっとも近い位置で、強い打球が飛んでくることから「ホットコーナー」と言われるサード。三遊間やライン際の強烈な打球、逆にバントやボテボテのゴロなどがくるので、攻める気持ちでの守備が必要だ。

構えの姿勢としては、内野の中でもっとも低く構えるのが基本。しかし、腰の落としすぎは逆にスタートが遅れる原因にもなるので、バッターのインパクトの高さに目線を合わせ、つま先に重心をかけて前傾姿勢をとるようにしよう。また、ライン際のボールを捕球してからの一塁送球は、右足でしっかり踏ん張ってオーバースローで腕を振り切ることがポイントだ。

三塁線のゴロの処理

三塁線のゴロに対してダッシュする。
1
左手を伸ばして逆シングルで捕球する。
2
捕球と同時に右足を体の前に踏み出す。
3

グラブを引き上げて送球方向を確認。
4
右足で踏ん張り、腕をコンパクトにテイクバック。
5
オーバースローで腕を振り切るように投げる。
6
右足から左足へしっかりと重心移動！
右足で体の流れを止めて軸足にする！

POINT CHECK!

右足から左足に重心移動

三塁線のゴロは、抜かれると長打になる可能性があるので、バックハンドで何としても止めたいところだ。そして送球時には、体の流れを右足のブレーキで止め、そのまま右足を軸足にして、送球とともに左足に重心を移動していくことが大切になる。この重心移動がしっかりできれば、送球の勢いがグンとアップするはずなので、その感覚を早めにつかんでおこう。

POSITION

BASIC 13

サードの守備②

ゆるいゴロやバント処理のしかた

ゆるいゴロやバントを捕球する場合。

直進して捕球

直進した勢いを止めることが先決になり、ワンステップでは送球体勢に入れない。

回り込んで捕球

回り込むことで、捕球と同時にワンステップで一塁方向に左足を出して送球体勢に入れる。

外側から回り込んで捕球する

三塁線のゆるいゴロやバントでは、一塁に投げる場合は確実にアウトにし、打球によっては二塁に投げて封殺にできるよう、俊敏な守備が必要になる。打球の勢いがあって二塁でアウトにできそうな場合は、とにかくまっすぐ突っ込んで早く捕球することを心がけ、ボールの勢いが殺されたボールの場合は、一塁に投げやすいように外側から放物線を描くように回り込もう。そうすれば捕球時の体の流れが本塁方向ではなく、一塁方向へ自然に向くことができ、スムーズに送球できるはずだ。

また、ランナーが一・二塁のときは、ピッチャーが捕って三塁に投げることもあるので、あらかじめ守備体型を決めておくことも必要だ。

ゆるいゴロやバントの処理

打球の勢いを見極めてダッシュ。

打球に対して直進せずに三塁線に回り込むように走る。

スムーズに送球体勢に入れる！

放物線を描いて回り込む！

捕球と同時に一塁方向へ向けるように放物線を描く。

グラブを引き上げながら一塁を見る。

ステップのリズムを合わせて捕球。

左足を一塁方向にステップして送球。

POSITION

BASIC 14

ショートの守備①

深い位置からのジャンピングスロー

逆シングルから二塁へのジャンピングスロー

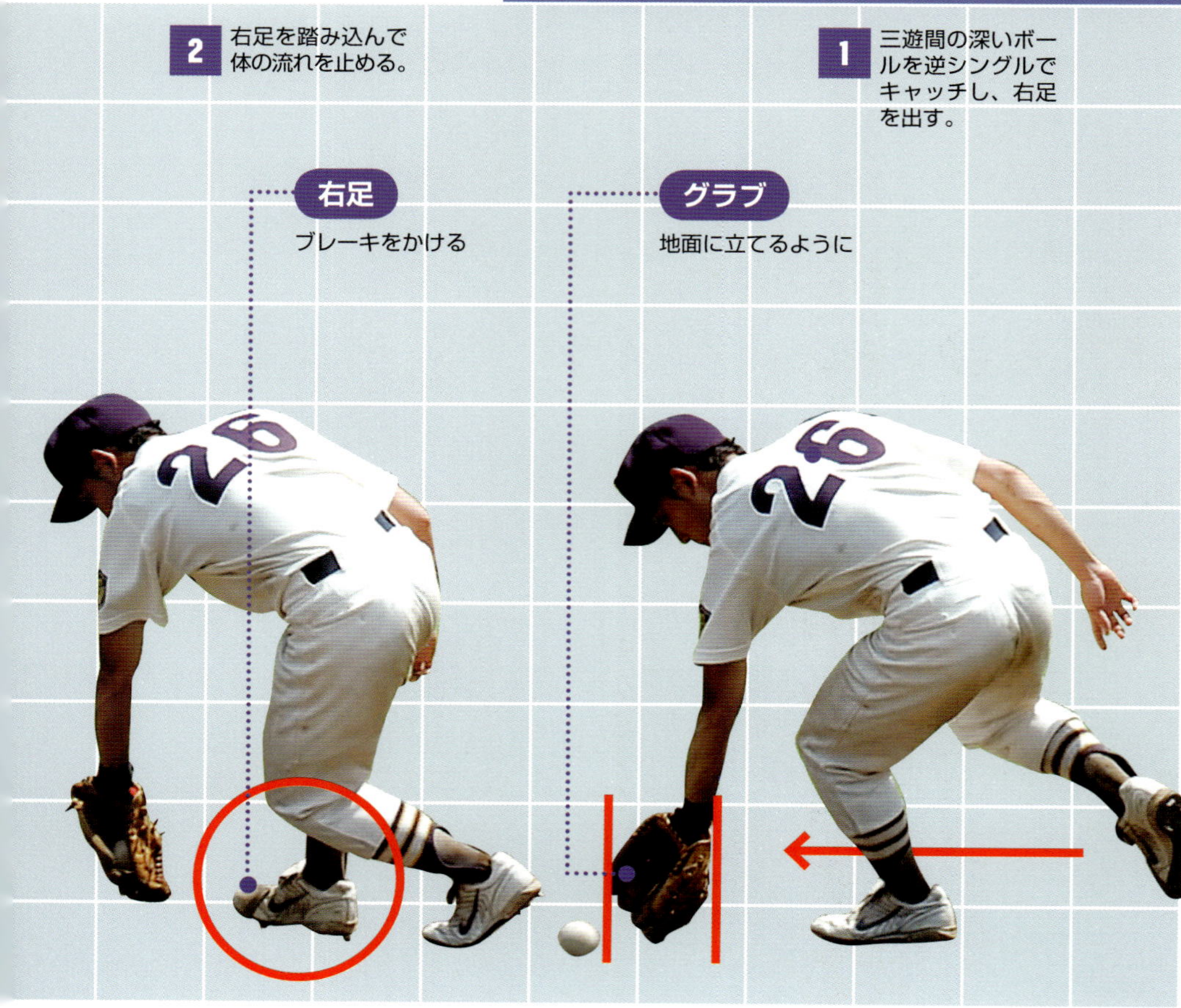

1 三遊間の深いボールを逆シングルでキャッチし、右足を出す。

2 右足を踏み込んで体の流れを止める。

右足
ブレーキをかける
グラブ
地面に立てるように

ジャンプしながらすばやく二塁送球

ショートもセカンド同様に盗塁、けん制、中継などさまざまなプレーをしなければならず、三塁後方のフライや二・三塁のカバーなど守備範囲も広い。さらに三遊間の深いゴロを捕って送球などというケースも多く、肩の強さも要求される。内野の中でももっとも難しく、優れた野球センスが必要なポジションと言えるだろう。

強肩の見せどころである三遊間深くのゴロの場合、正面に回り込めずに逆シングルでキャッチすることも多い。一塁へはそこから右足で踏ん張って投げるが、二塁へ送球する場合は時間的余裕がないので、スナップを使ってよりすばやく投げられるジャンピングスローができるように練習しておこう。

5
フォロースルーしながら右足で着地する。
4
右足を蹴ってジャンプしながら二塁に送球する。
3
右足を軸足にして体を二塁方向にひねる。
右手
スナップを利かせる
グラブ
胸に引きつける
ひじ
すばやくテイクバック
右足
地面を蹴って上方向に飛ぶ
右足
体重をかけてひねりの土台にする

LET'S TRAINING!

正面のゴロを逆シングルで捕る

国際試合においていくつかの国の練習を見ると、ノッカーは右や左にボールを振って打たずに正面に打ちつづけ、それを選手がわざと逆シングルで捕るという光景を目にする。これは、正面で捕るよりも逆シングルからのほうが送球に移りやすいと考えているからで、選手それぞれが自分のスタイルを確立するために「自分で考え」て捕り方を工夫している証拠なのだ。

練習のしかた

正面のゴロをわざと逆シングルで捕球し、ステップを確認しながら送球することをくり返す。

盗塁とけん制でのタッチプレー

セカンドは
ベースカバーに入る
スライディングしてくる
ランナーの足にタッチ。
ベースの一塁側に
グラブを下ろす！
3

ベースをまたいでグラブを下ろす

一塁ランナーが盗塁した場合、二塁ベースにセカンドが入るのかショートが入るのかは、バッターが右打ちか左打ちかなどによって変わってくるが、あらかじめ2人の間で決めておくことが必要。そしてベースに入らない選手はセンター方向にカバーに入ろう。

ショートはランナーを視界に入れながら二塁に入れるメリットがあり、ベースをまたいで捕球することがポイントになる。足でベースを踏んで捕球すると、どうしても体をひねりながらタッチに行かねばならず、その一瞬の遅れが命取りになるからだ。けん制の場合も同様にベースをまたぎ、ランナーの足や手が戻ってくるベースの三塁側にグラブを下ろそう。

盗塁に対するタッチプレー START

1
すばやく二塁に入り、
捕球体勢に入る。
2
ランナーを視界に入れな
がらグラブを下ろす。
ベースをまたいで
捕球する！

けん制に対するタッチプレー

ランナーにはショートの動きが見えないので、そのメリットを十分に使いたい。例えば、気配を消してベースに入ったり、わざと意識させてリードを取らせないようなテクニックが有効だ。

盗塁とは逆の三塁側に
グラブを下ろす！

1 ランナーの視界から消えるように二塁へ。

2 ベースをまたいで低い体勢で捕球する。

3 ベースの三塁側にグラブを下ろしてタッチ。

POSITION

BASIC 16

ショートの守備 ③

ダブルプレーの転送のしかた

右足を踏み込んで軸足にする。
走る流れの中で力強い送球をする。
走る勢いを送球につなげる！
3
4

ベースの入り方と出方を使い分ける

ランナーが一塁にいて打球が一・二塁方向に飛んだときには、ショートが二塁ベースに入ってダブルプレーの中継点になる。セカンドやファーストからの送球を一塁にすばやく転送する技術が必要だが、打球の方向や守備位置によって、ベースへの入り方や出方を使い分けることが大切だ。

スライディングしてくるランナーを避けて送球するのが前提だが、その目安となるのが打球を捕球した選手の位置。一塁と二塁を結ぶラインの内側で捕球したら「左足」でベースに触れながらホーム寄りに構えて転送する。外側で捕球したら、捕球と同時に「右足」でベースに触れながら、センター側へ抜けていくように転送しよう。

4(セカンド)-6(ショート)-3(ファースト)のダブルプレー START

セカンドからのトスを走りながら捕球し、右足でベースタッチ。
ランナーから逃げるようにセンター側へ。
右足でベースをこするように!
1
2

POINT CHECK!

右足と左足の使い分け

捕球者が一・二塁ベースのラインより内側の場合は、「左足」をベースに触れたままホーム側に逃げるように転送するが、外側の場合は、動きの中で捕球と転送を行う。ポイントは、「右足」でベースの上をこすっていくように外側へ逃げることだ。

ラインより内側

左足をベースにつけて捕球と転送を行う。

ラインより外側

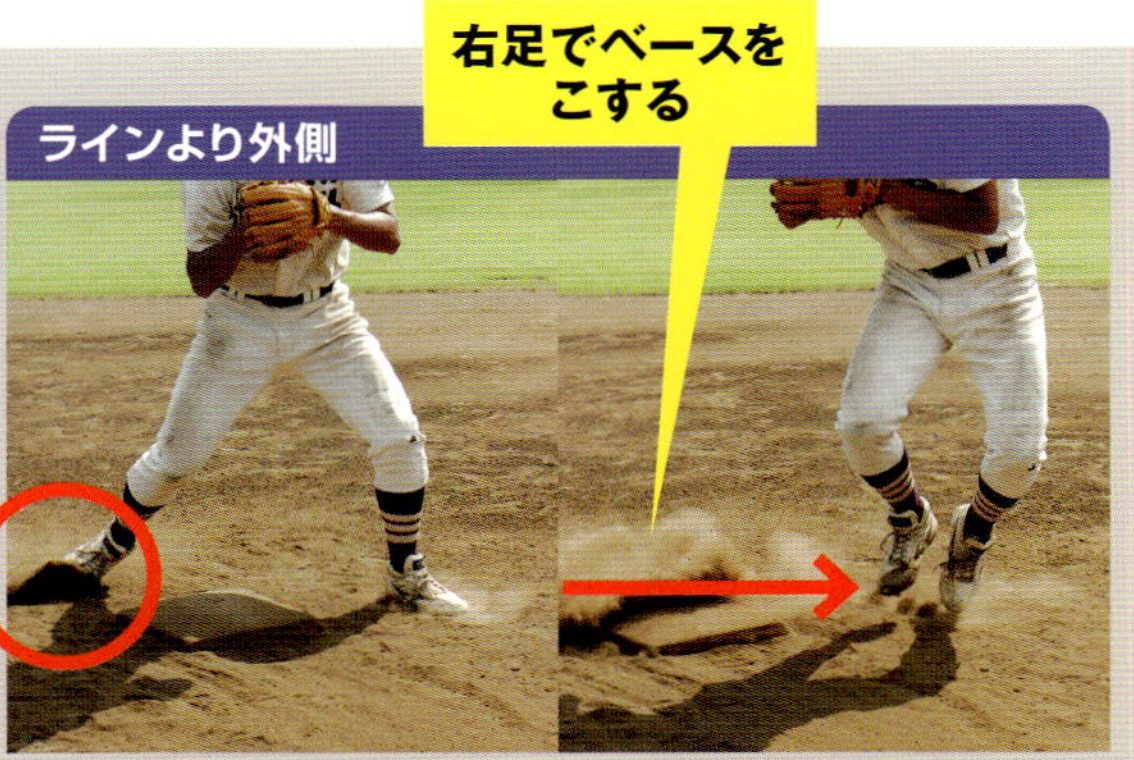
右足でベースをこする

捕球した流れのまま右足でベースの上をこすって送球体勢に入る。

ポジションの特徴とフライの追い方

左右へのスタート

外野は後ろを抜かれると長打になってしまうので、いち早く打球に追いつけるよう１歩目のスタートが大切。内野ほど低く構える必要はないが、ピッチャーが投げるときにはかかとを上げて両足の拇指球（親指のつけ根部分）に体重をかけ、打球方向に体重をあずけてスタートを切るようにしよう。

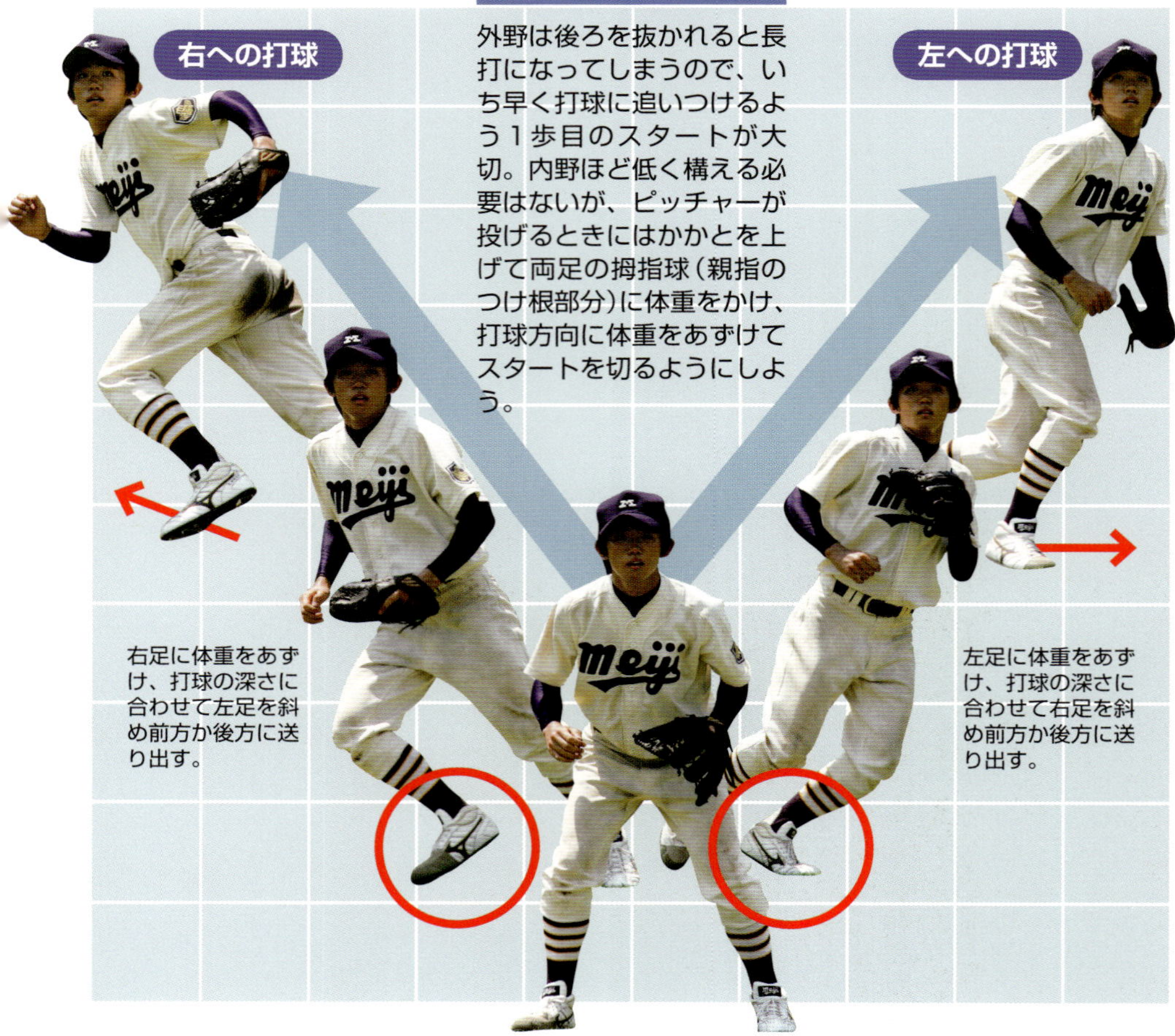

右足に体重をあずけ、打球の深さに合わせて左足を斜め前方か後方に送り出す。

左足に体重をあずけ、打球の深さに合わせて右足を斜め前方か後方に送り出す。

俊足で強肩かつ ポジショニング能力が必要

外野は守備範囲が広く、遠い位置からボールを返球するので、俊足かつ強肩であることが求められる。ポジションによって特徴もあり、レフトはもっとも守備機会が多く、打球が強いので内野手に近い性質の選手が、ライトはランナーの三塁への進塁や本塁突入を防ぐために遠投能力のある選手が、センターは捕球の優先権を持ち、もっとも守備範囲が広いので俊足の選手が適しているだろう。

また、共通して言えるのは、バッターや味方ピッチャーの特徴を理解し、さらに試合の状況に合わせて左右に動いたり、深さを変えたりするポジショニングの能力が必要だ。こうした能力に適した選手の配置を考えておこう。

後方へのフライの追い方

POINT CHECK!

新ボールは飛距離アップ

新ボールは約10パーセント飛距離が伸びたので、外野手はその感覚に少しとまどうかもしれない。打球に早く追いつくためにもすばやいスタートを心がけよう。

打球の方向と深さをすばやく判断してスタートを切る。
1

だいたいの見当をつけた位置まできたらボールを確認。
3

目線を切って全速力で走る！
大きなフライなら一度ボールから目を離して全速力で走る。
2

余裕があれば落下地点よりも少し深く下がり、一歩前に出て捕球する。
一歩前に出ながら捕球するのがベスト！
4

POINT CHECK!

一度ボールから目を離す

打球直後のボールの角度や打球音などから、かなり大きな当たりと思われたら、打球の方向と深さを予測したうえで、いち早く落下地点に向かうために、一度ボールから目を離して(目線を切って)全速力で走る。そして落下地点近くまで来たらボールを確認、一歩前進してボールを捕れる位置まで下がってから捕球体勢に入ろう。

外野手同士のカバーリングのしかた

カバーリングの基本

お互いにかけ声を出さないと、いざ捕球間際になってお見合いしてしまう。

捕球者の近くに寄りすぎると、バウンドしたボールが頭上を越えてしまうことがある。

打球の勢いや角度を見極め、味方がエラーしたら対応できる距離をとりながら背後に回り込む。「オーライ！」「まかせた！」などの声がけも大切だ。

捕球する味方の後方に回り込んでカバー

広いエリアを3人だけで守っている外野手は、自分が捕るボールではないと思っても、味方が捕れなかった場合を考えてカバーに入ることが非常に大切。味方に任せて、後ろにそらしたのを見てから慌てて追いかけたのでは遅い。どちらが捕るべきか微妙な打球は、必ず声をかけ合って捕球者とカバーする者を決めるようにしよう。

カバーは捕球者の後方に回り込むが、遠すぎるとボールに追いつくのに時間がかかるし、近すぎてもワンバウンドしたボールが自分の頭上を越すことがあるので要注意。味方がグラブに当てて跳ねたりしても追いつけるくらいの距離をとってカバーしよう。

カバーリングの流れ

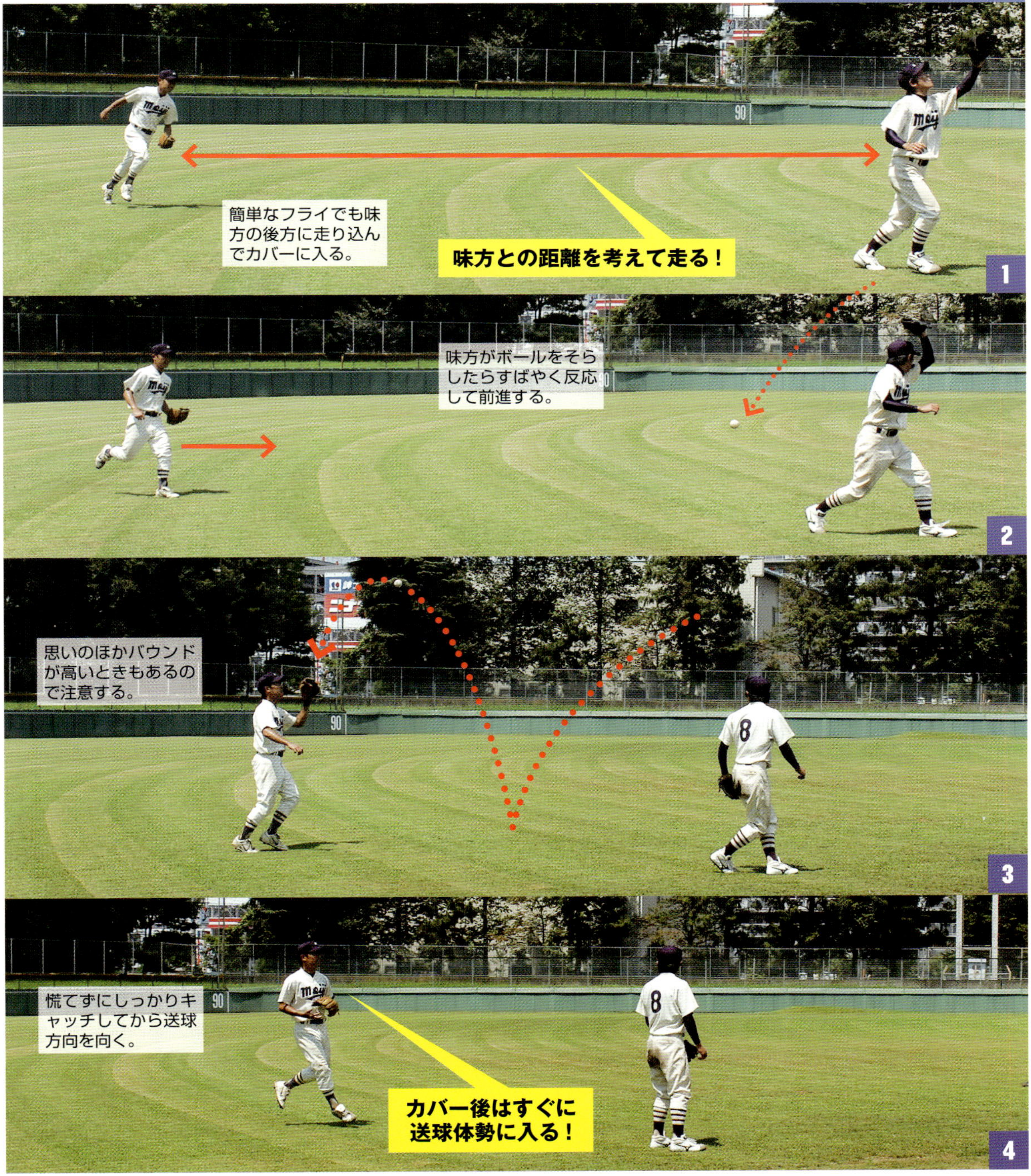
簡単なフライでも味
方の後方に走り込ん
でカバーに入る。
味方との距離を考えて走る！
1
味方がボールをそら
したらすばやく反応
して前進する。
2
思いのほかバウンド
が高いときもあるの
で注意する。
3
慌てずにしっかりキ
ャッチしてから送球
方向を向く。
カバー後はすぐに
送球体勢に入る！
4

バックホームのしかた

テイクバックして左足を大きく踏み出す。
走る勢いや重心移動をフルに使う!
オーバースローで力強く送球する。
4
5

走る勢いを使って全身で投げる

　強肩を誇る外野手にとって見せどころになるのが、本塁に送球してランナーをアウトにするバックホームのプレー。例えば、ランナー二塁でヒットを打たれ、ゴロやワンバウンドのボールを捕球して送球するケースや、ランナー三塁でフライが上がり、タッチアップするケースなどがある。また、ライトから三塁に投げてアウトにする状況もあるので、気を抜かないように試合の状況を把握しておこう。

　バックホーム送球のポイントは、走る勢いを有効に使ったキャッチ&スローを心がけること。ゴロならば走りながらシングルキャッチ、フライなら落下地点から一度下がって前進しながらキャッチして体全体で投げよう。

ゴロを捕球してバックホーム START

左足の前で捕球する！
グラブを上げて
さらに勢いをつける！

1 ボールに対して斜めから入って捕球する。

2 グラブを引き上げながらホームに体を向ける。

3 右足をクロスステップするように踏み出す。

POINT CHECK!

ゴロは斜めから、フライは後ろから入る

前進しながらゴロを捕るときは、ボールに対して少し斜めから入ったほうが、ボールのバウンドもよく見えて捕りやすいはずだ。そして放物線を描くような動きでホーム方向に体を向け送球体勢に入る。また、フライの場合は落下地点をすばやく見極め、その2、3歩後方から走りながら捕球して勢いをつけよう。

ゴロ捕球

ボールに対して少し斜めから入るほうが見やすく、送球に入りやすい。

フライ捕球

落下地点の真下に来たら、一度2、3歩下がってでも勢いをつけて捕球する。

POSITION

STEP UP 1

フォーメーション①

ランナー一塁でのバント処理

ランナー一塁でのバント・フォーメーション

ファーストが捕球して一塁送球

1

ファーストはベースについてランナーをけん制、サードはバントに備えて前進守備。

ピッチャーが捕球して二塁送球

2

バントの構えのままならば、投球とともにファーストとサードがダッシュ。セカンドはプッシュバントでないことを確認してから動く。

フォーメーションの全体像を把握する

自分のところに打球が来なかったからといって、守備は終わりではない。次のボールの動きに合わせて空いているベースに入ったり、ボールがそれたときのカバーリングに入れるチームが、守備力に優れた強いチームなのだ。

特にランナーがいるときはその動きも複雑になってくるが、ここではおもにバントに対するフォーメーションについて見てみよう。まずランナー一塁でバントというケースでは、バントを捕るのはファースト、サード、ピッチャー、キャッチャーだろう。そして送球するのは二塁か一塁だ。ファーストとサードは前進守備でバントに備えるが、その他の選手の動きと合わせて全体像を把握しておこう。

3

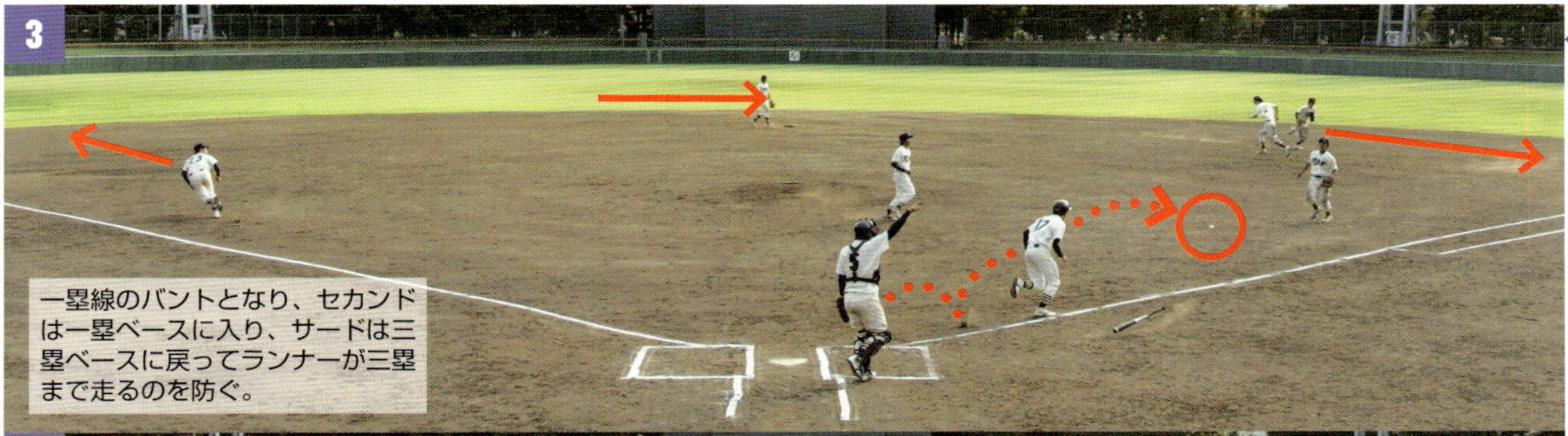

一塁線のバントとなり、セカンドは一塁ベースに入り、サードは三塁ベースに戻ってランナーが三塁まで走るのを防ぐ。

4

二塁にはショートが入るが、間に合わないと見たキャッチャーが、捕球したファーストに一塁に送球するよう指示。

3

ピッチャーの前に転がったのでファースト、サードともにベースに戻り、ショートが二塁へ入る。キャッチャーは二塁送球を指示。

4

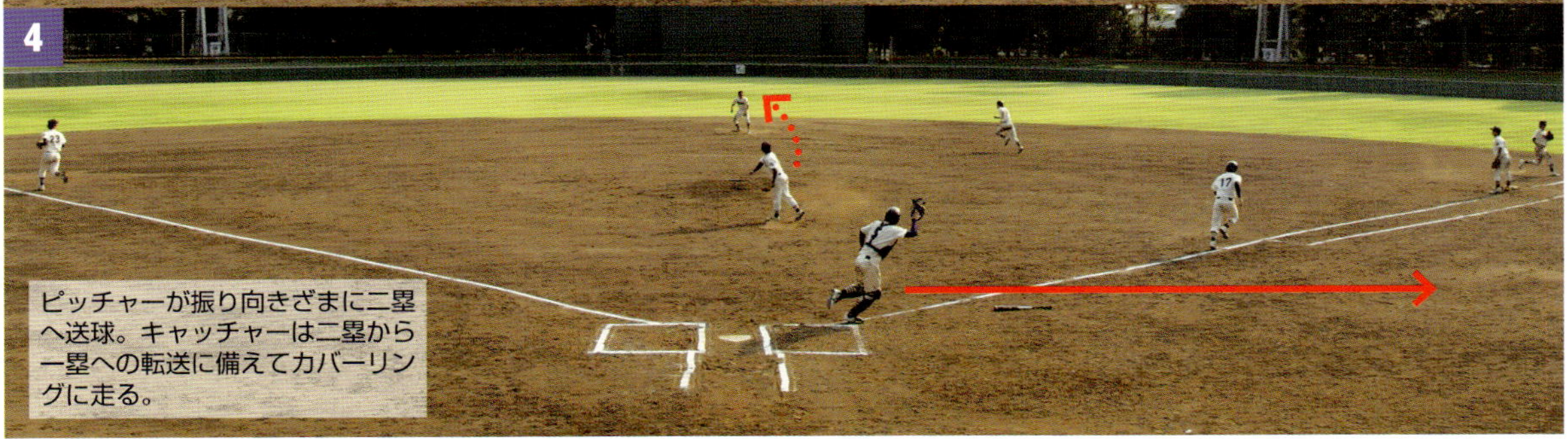

ピッチャーが振り向きざまに二塁へ送球。キャッチャーは二塁から一塁への転送に備えてカバーリングに走る。

ランナー二塁でのバント処理

三進を阻止か、確実に一塁でアウトを取るか

次にランナー二塁（ランナー一・二塁のときも含む）の場合のバント・フォーメーションを見てみよう。このケースでは、ランナーが三塁に走ってくるため、バントの打球が転がってくるサードの判断が難しくなる。

点差に余裕があって確実にワンアウトを取りたいときは、ファースト、サードともボールの行方を確認しながら前進してバントを処理、一塁へ送球する。それに対して、できれば三塁でアウトにしたいという状況のときは、ファーストがダッシュするとともにピッチャーも三塁方向にダッシュ、サードはベース付近で構えて送球に備え、ピッチャーが捕れなかった場合のみ前進してバントを処理しよう。

ランナー二塁でのバント・フォーメーション

ピッチャーが捕球して三塁送球

1

ランナー一・二塁の場合も基本的にシフトは同じだが、ランナーが二塁だけの場合に三塁に投げるとタッチプレーになる。

サードが捕球して一塁送球

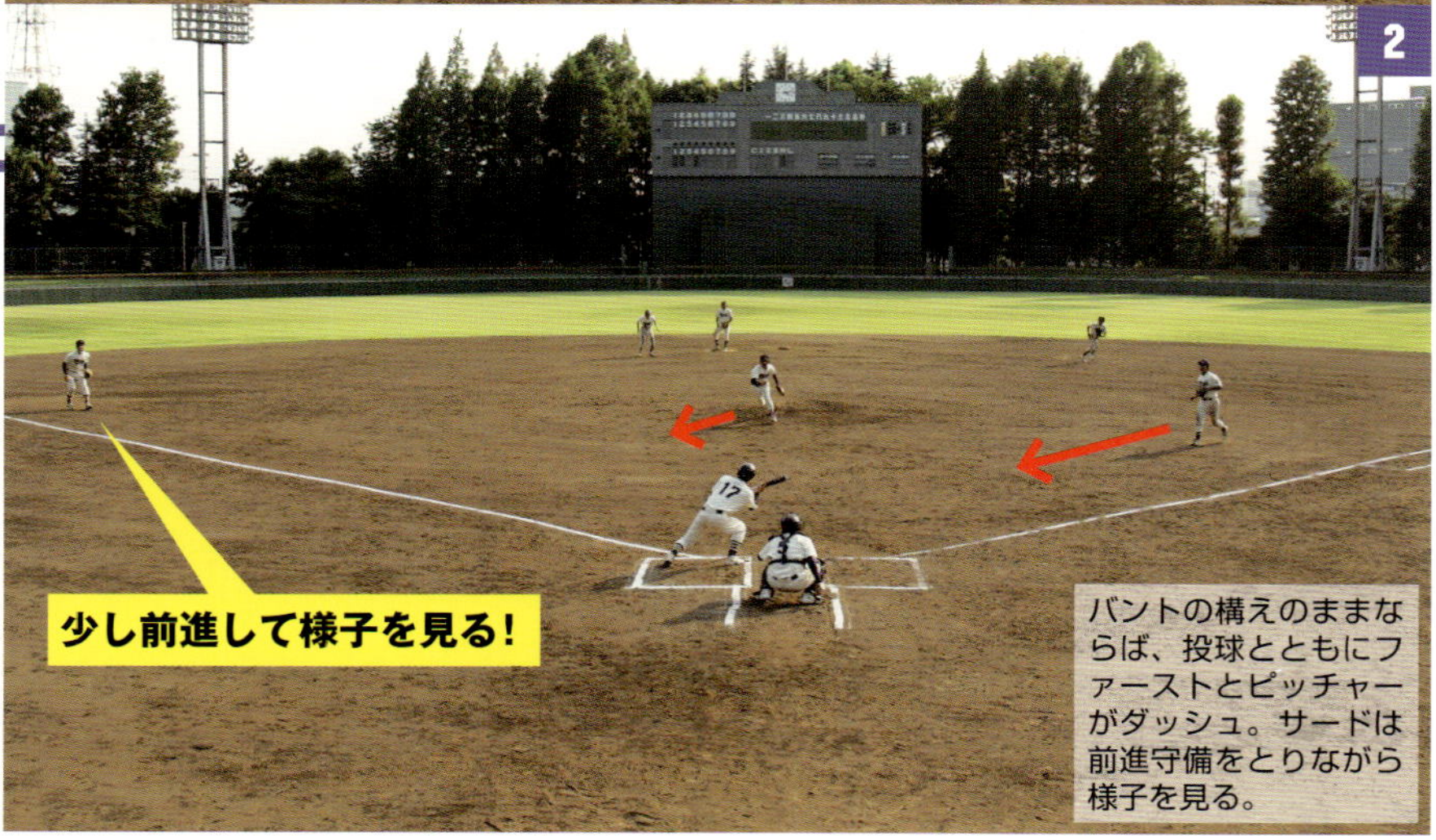
2
少し前進して様子を見る!

バントの構えのままならば、投球とともにファーストとピッチャーがダッシュ。サードは前進守備をとりながら様子を見る。

ピッチャーがボールを捕れそうならばサードは三塁ベースについて送球に備える。ここではキャッチャーが三塁送球を指示。

ピッチャーが三塁送球。サードはランナーにタッチする。ランナーが盗塁してバントというときもサードはベース付近にとどまる。

ピッチャーが捕れないバントになったので、サードが前進してキャッチする。

セカンドが一塁ベースに入り、サードからの送球を受ける。三塁ベースにはピッチャーが入る。

中継（カット・オフ）プレーのしかた

内野手と外野手の息のあった中継プレーで失点を最小に防ぐことが、試合の勝敗を決する大きな要因になる。

内外野の連係で得点を許さない

ランナー二塁で外野にヒットを打たれたケースでは、外野手はバックホームしてランナーのホームインを防ぎたい。キャッチャーまでダイレクトで投げたり、内野手が中継に入ったりするが、いずれにしても内野手は中継地点に入らなければならない。

中継にどの選手が入るかは、ボールが飛んだコースによる。センター前ヒットの場合は、ショートとセカンドの肩の強さや状況によって対応しよう。通常、ライト前ヒットはファーストが、レフト前ヒットはサードが中継に入るが、それぞれのケースでセカンド、ショートは、外野がボールをそらしたり送球ミスをしたときに備えて中継ラインの外野寄りに入ろう。

レフト前ヒットでの中継プレー

1

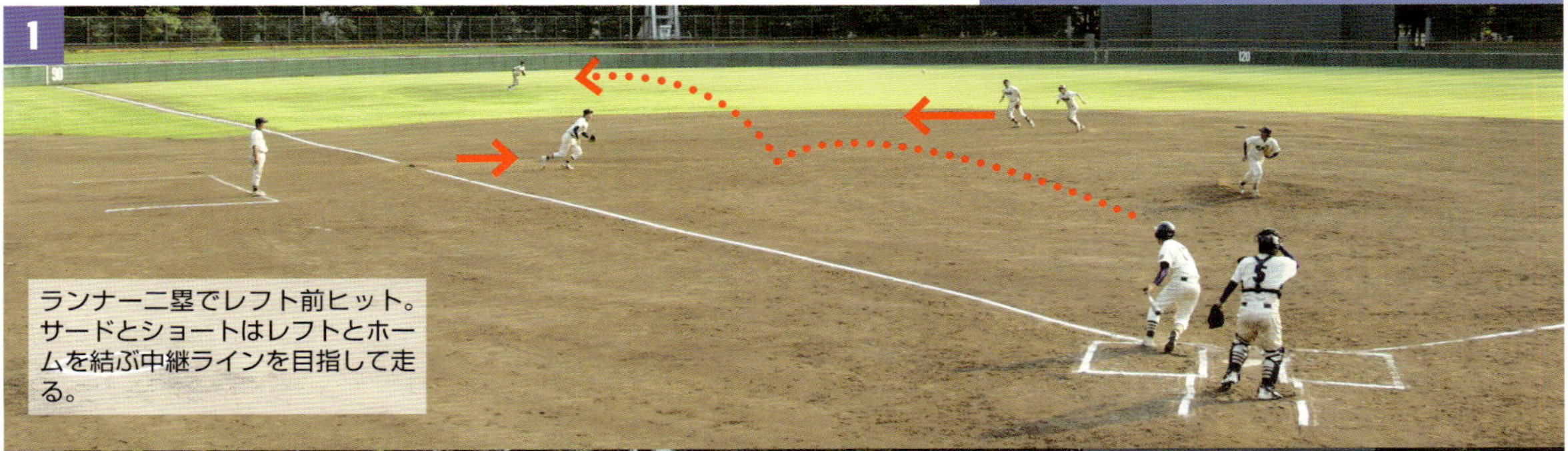

ランナー二塁でレフト前ヒット。サードとショートはレフトとホームを結ぶ中継ラインを目指して走る。

2

送球コースの間に立つ!

サードがカットマンに入る。ピッチャーはバックホームに備えてキャッチャーのカバーに向かう。

3

カット!

サードがレフトに送球を指示。ショートはレフトがボールを捕ったことを確認してサードのベースカバーに入る。

4

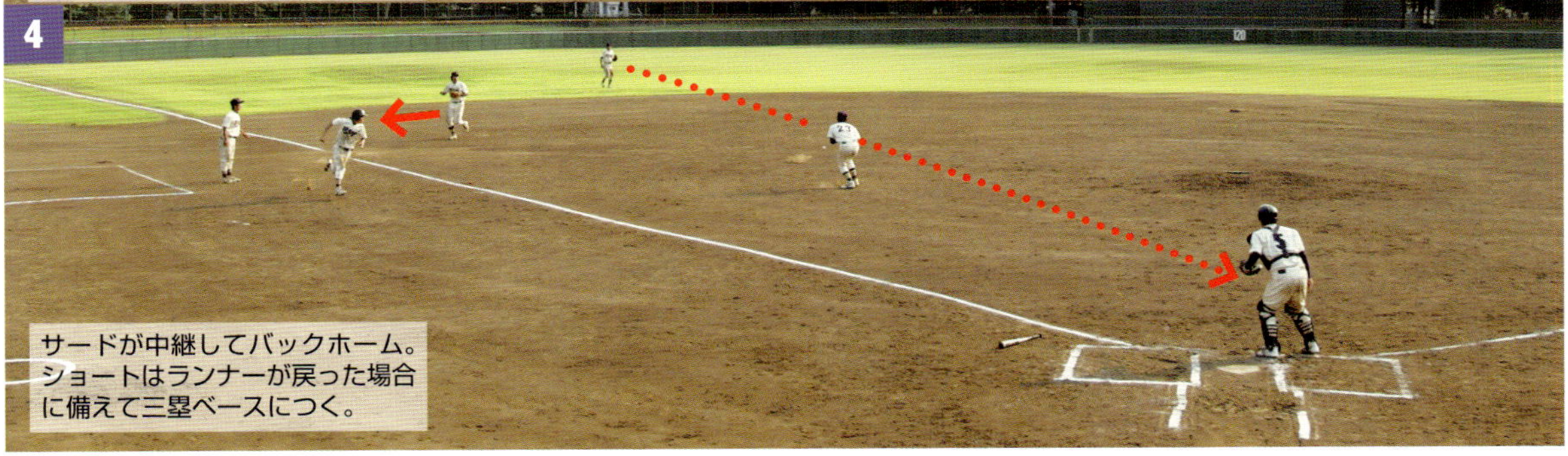

サードが中継してバックホーム。ショートはランナーが戻った場合に備えて三塁ベースにつく。

POSITION

STEP UP 4

フォーメーション④

外野手のベースカバーリングのしかた

外野手のベースカバーリング

基本的にライトは一塁、センターは二塁、レフトは三塁への送球に対するカバーリングを行う。ランナー二塁でショート、セカンドがけん制に入らず、センターが入るという特殊なプレーもある。

カバーの方向は送球者と捕球者の延長線上に！

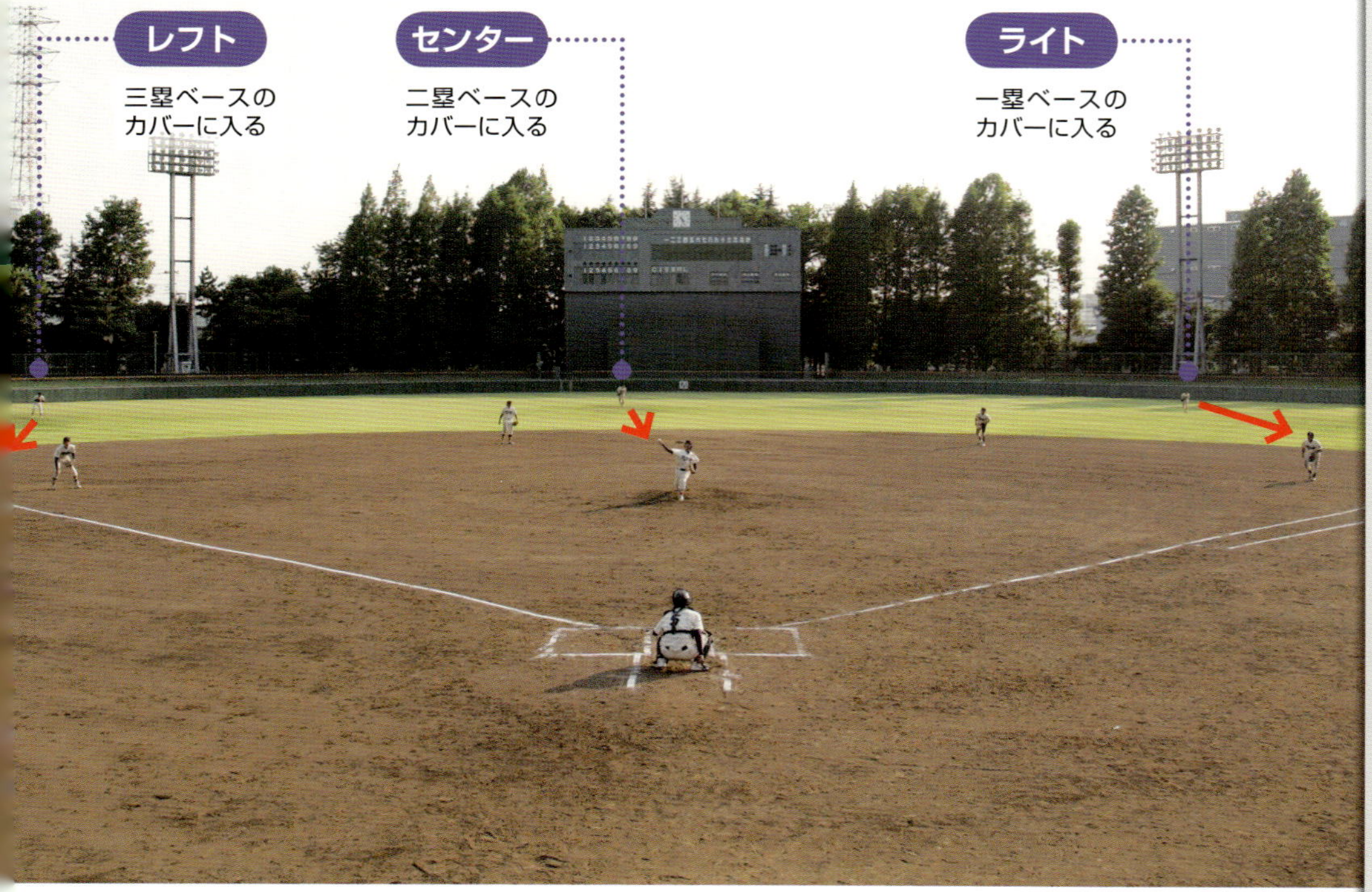

レフト
三塁ベースのカバーに入る
センター
二塁ベースのカバーに入る
ライト
一塁ベースのカバーに入る

内野ゴロでも外野手は動く

外野手同士のカバーリングについては１２８ページで解説したが、内野ゴロやバント処理でも外野手はそれぞれ悪送球などのミスに備えてカバーに入ることが必要になる。

例えば、ライトは一塁への悪送球に備えて一塁の斜め後方に向かう。キャッチャーも同様に一塁にカバーに入り、一塁ベースから本塁寄りにそれてきたボールを担当する。センターは二塁に送球されるボールのカバーに入る。盗塁やけん制球に対する送球のときも同様だが、送球する選手と受ける選手の延長戦上に入るようにすることが大切だ。また、レフトは三塁への送球に対するカバーに入る。それぞれ挟殺プレーのときも忘れずにカバーしよう。

LESSON 5
ランニング
RUNNING

一塁への走塁のしかた

一塁駆け抜け

前傾姿勢でラインの
外側に駆け抜ける！

内野ゴロの場合などは、ベースの先にゴールがあるイメージで駆け抜けよう。ヘッドスライディングは、チームとしての士気高揚にはメリットがあるが、タイミングとしては駆け抜けるよりも遅くなるので、状況判断して使いたい。

駆け抜けとオーバーランを使い分ける

バッターは打った瞬間から、バッターランナー（打者走者）と呼ばれる走者となる。いつまでも打球の行方を見ていないで、すばやくスタートを切って一塁に全速力で走ることが大切だ。平凡な内野ゴロでも、全力で走ることで野手にプレッシャーをかければ、エラーを誘うことができるし、外野フライを取り損なった場合に全力で走っていれば長打にすることもできる。

打者走者が一塁を駆け抜ける場合、ベースを踏んだ後にラインよりも外側に出てタッチアウトを避ける。ヒットを打った場合には、二塁まで進塁できるようにふくらみをもたせてベースを通過（オーバーラン）し、コーチの指示を聞いて進塁か帰塁を決めよう。

オーバーラン

ふくらむように走る！

1 ヒットや外野フライで、一塁ベースに送球されてこない場合。

左足で踏むと
二塁に向きやすい！

2 ベースの内側をできれば左足で踏んで二塁方向を向く。

3 ボールの確認とコーチの指示で進塁か帰塁かを見極める。

POINT CHECK!

打球の行方は見ない

内野ゴロの場合、打った瞬間から前傾姿勢で一目散に走ることが大切だ。凡打に気落ちしたり、野手が捕球する姿を見ていても何の得にもならないことを肝に銘じよう。また、自分のヒットに見とれているヒマがあったら、「フォア・ザ・チーム(チームのために)」自分で何ができるかを考え、スキあらば次の塁をねらっていこう。

打球を見ずに前傾姿勢でベースまで最短距離を走る。

打球の行方ばかり見ていると、遅れるばかりで何の得にもならない。

投げる前と投球時のリードを使い分ける

1次リードのとり方
一・二塁間の直線上に約3、4mのリードをとり、姿勢を低くして左右どちらにも動けるように構える。

ピッチャーの全身を視界に入れながら足の動きに注意する!

けん制で帰塁できる距離!

両足に均等に体重をかける!

1次リードと2次リード

塁に出たら、ベースから離れてリードをとり、次の塁をねらうことがランナーの重要な務めだ。実際に盗塁しなくても、リードをとることでピッチャーの集中力を分散させたり、味方のヒッティングでスムーズなスタートを切れるなどの効果もある。リードには、ピッチャーがセットポジションを取っている間に行う1次リードと、投げてキャッチャーが捕球するまでに行う2次リードのふたつがある。1次リードでとる幅は、足の速さやピッチャーのけん制のうまさとともに、試合状況によって変わってくる。ピッチャーが打者に向かって投げたら2次リードをとるが、キャッチャーからの一塁送球でアウトにならない範囲にしよう。

2次リードのとり方

ピッチャーが足を上げたら右足に体重をかける。

1

投げる瞬間に二塁方向にリードを広げる。

2
ボールから
目を離さない！

ステップしてバッターの動きを見極める。

3

キャッチャーがボールを捕ったら一塁へ戻る。

キャッチャーからの
けん制に注意！
4

けん制球での戻り方

けん制で戻るタイミング

ピッチャーがプレートを外すか左足を一塁方向に向けたら戻る。

▶ピッチャーのセットポジションで1次リードを保つ。

◀余裕があれば立ったまま戻ってもいい。

余裕がなければヘッドスライディングで

リードは状況によってあまり無理しない場合もあるし、ギリギリまで大きなリードをとることもある。一般的にセーフティーリードというのは、ランナーの走力とピッチャーのけん制球の能力によって変わってくるが、ピッチャーがすばやくけん制球を投げたときに、スライディングで帰塁できる距離と言えるだろう。

多少余裕があれば足からのスライディングで戻るが、逆を突かれたりしてタイミング的に危なかったら、ヘッドスライディングで思い切り飛び込んで手を伸ばし、ファーストのタッチをかいくぐる。ベースに近づいてから飛び込むのではなく、ある程度距離があるところから飛び込もう。

足からのスライディング

ベースの2mくらい手前からスライディング。

右足を伸ばしてベースにタッチする。

ヘッドスライディング

姿勢を低くして左足を蹴り、頭から飛び込む。

手を伸ばしてベースにタッチする。

POINT CHECK!

ピッチャーの足を見る

ピッチャーが一塁けん制球を投げるときは、プレートを「外す」方法と「外さない」方法がある(→P56)が、注目したいのは足の動きだ。ピッチャーの全身を視界に入れながら、焦点を足に合わせるといいだろう。
また、ピッチャーがボールをキープしている間にムダに体を動かすと、逆を突かれてアウトになる可能性が高くなるので、セットポジションに入ったら姿勢を低くして両足に均等に体重をかけよう。

両足に均等に体重をかけ、ピッチャーの足の動きに注意する。

一塁ランナーの走塁③

盗塁のスタートの切り方

ピッチャーの左足が上がった瞬間にスタートを切る。

左足の動きに注目!

POINT CHECK!
盗塁成功の秘訣

① ピッチャーのクセを盗んでおく
② 変化球の割合を把握しておく
③ キャッチャーの肩を見極める
④ 試合状況を正確に把握する
⑤ 一度走り出したら躊躇しない
⑥ 効果的なスライディングをする

右足に体重を移して左足を大きく踏み出す

二塁にランナーがいなければ、自分の判断で盗塁することもできる。盗塁するタイミングは、2次リードを切るときと同様にピッチャーが足を上げた瞬間だが、盗塁を成功させるためにはピッチャーがクイックで投げるかどうか、キャッチャーの肩は強いかなどを総合的に判断するとともに、けん制を投げるときと打者に投げるときで違いがあるかなど、ピッチャーのクセを見抜くことも必要になる。

スタートするときは、両足に均等に体重をかけた状態から、右足に体重を移して左足を大きく踏み出していく。低い姿勢でスタートし、大きなストライドで走ることが大切だ。そして走ると決めたら躊躇せずに全力で走ろう。

二塁へのスタートの切り方

大きなストライドで！
左足を大きく踏み出す！

1 右足に体重を乗せて二塁方向へ腰を切るように回す。

2 左足を大きく踏み出し、前傾を保ってスタート。

3 前傾姿勢のまま2、3歩走りつづける。

4 体勢を徐々に起こして手を大きく振る。

POINT CHECK!

直線的に走る

一塁でリードするときは一塁と二塁を結ぶ直線上に構えることが大切だ。そして盗塁ではそのまま真っすぐ最短距離を走っていく。0.1秒の差が盗塁の成否を分けることも多いので、キャッチャーの動きを見るなどムダな動作は避けたい。また、スタートでは体を前傾させた低い姿勢から飛び出し、大きなストライドですばやくトップスピードに達するようにしよう。

二塁ベースへ最短距離の進路をとり、ベースに着くまで気を抜かずに走ろう。

二塁へのスライディングのしかた

ストレートスライディング　1

ベースの3mほど手前から、片方の足を突き出すようにして滑り始める。

ストレートスライディングが基本

スライディングにはベースに向かって真っすぐ滑っていく「ストレートスライディング」、野手のタッチを避けて曲げたほうの足でベースタッチする「フックスライディング」、頭から滑り込む「ヘッドスライディング」などがあるが、二塁に滑り込む場合は、いち早くベースに到達できるストレートスライディングを行うこと。ヘッドスライディングは、リードから帰塁するときには有効だが、野手と交錯する盗塁ではケガの危険性もあるのでやめたほうがいいだろう。

　ストレートスライディングで滑り込むタイミングは、あまりベースに近い位置からだと足が伸ばせないので3、4m手前から行おう。

**曲げた左足の
ふくらはぎで滑る!**

曲げたほうの足は、伸ばした足のヒザ裏あたりに交差させるように置く。

**野手のグラブを
かいくぐる!**

上半身を起こしたまま、伸ばした右足のかかとでベースタッチする。

滑り込んだ勢いと左足をクッションにして立ち上がる。

POINT CHECK!

ポップアップ

ベースについたら、曲げたほうの左足で地面を蹴るようにして立ち上がろう。このようなポップアップと言われる方法をとれば、ボールがそれた場合などにすばやく三塁をねらえるはずだ。

ベースに近い位置から飛び込むと、足を伸ばせないので体ごと入ることになり、タッチの的が大きくなる。

アウトカウントでリードを使い分ける

ノーアウト・1アウトのケース

線上にリードして
直線的に走る!
内野ゴロでも進塁できるように三塁まで最短距離の位置、つまり、二塁と三塁を結んだ線上でリードをとる。

37
37

ライナー性の当たりに注意して、直線的に三塁まで走り、サードのタッチをさけるようにスライディングする。

直線的に三進、回り込んで本塁突入

一塁ではファーストがベースについているのでピッチャーの動きだけを注意すればいいが、二塁ではセカンドかショートがベースに入った瞬間にけん制球が投げられるので、周囲を注意深く観察することが必要。どちらかの野手がベースに入ろうとして戻り、それにつられてリードを大きくすると反対側の野手が入るというキックオフプレーにも十分注意しよう。

またノーアウトか1アウトの場合は、内野ゴロでも三塁に進塁できるように、二・三塁を結んだ線上でリードするが、2アウトの場合は1ヒットでホームインできるようにベースより後方(外野寄り)に構え、三塁ベースを回り込んで走りやすい位置をとろう。

2アウトのケース

線上より後方から
回り込んで走る!

2アウトで内野ゴロならサードに送球は来ない。それよりも、外野へ抜ける1ヒットでホーム突入できるように三塁ベースを回り込んで走れる位置、つまり、あらかじめベースよりも後方でリードをとる。

三塁ベース

あらかじめ三塁ベースを回り込める位置からスタートを切り、三塁ベースを蹴って本塁へとスピードに乗る。

POINT CHECK!

三進をねらえるケース

二塁ランナーは、内野ゴロでも積極的に三塁をねらうことが大切だが、無闇に走ればいいというものでもない。特に注意したいのがライナー性の当たりで、抜ければ余裕を持って進塁できるので、慌てる必要はないことと、自分より右側の野手(ショートとサード)に飛んだ場合は、それが強い正面の打球ならば三進をひかえたほうがいい場合も多いので注意しよう。

内野ゴロでは、打球の方向と強さを一瞬で判断して進塁するかを見極める。

リードのとり方とタッチアップ

リードと帰塁のしかた

2次リードから、ヒッティングでなければ右足でブレーキをかけて体をターンさせる。ラインの内側に入って帰塁することで、キャッチャーからベースをかくす。

ピッチャーから絶対に目を離さないこと。投球モーションに入ったら2次リードをとり、キャッチャーの後逸などでも本塁突入できる体勢に入る。

左足でベースを踏んで右足に体重をかける

三塁まで進めば得点の大きなチャンスであり、ヒットが出ればゆっくり走ってもホームインできるので、通常はあまりリスクをおかさないでリードも小さめにする。また、リードはラインの外側（ファウルエリア）でとり、サードによくある強襲ヒットなどで守備妨害にならないようにしよう。

2アウト以外なら、外野フライでタッチアップしてホームインする方法もあるので、外野の定位置かその後方に飛球が上がったら塁に戻り、左足でベースを踏んで野手の捕球と同時に飛び出す。また、内野と外野の中間あたりの浅いフライの場合は、ハーフウェイまで進み、捕球されたら帰塁、ヒットになったらすかさず突入しよう。

タッチアップのしかた

外野にある程度距離のあるフライが上がったらベースに戻る。

左足でベースを踏んで右足に体重をかけ、前傾姿勢をとる。

外野手がキャッチした瞬間に左足でベースを蹴ってスタート。

スピードに乗ってホームまで直線的に走る。

POINT CHECK!

自己判断とコーチの指示

本塁突入と帰塁の両方に対応するハーフウェイの判断は、なるべく自分の判断で行いたい。そのためには、ベース上であらゆる状況を想定して動けるようにしておくことが大切だ。そして、判断が難しいフライが上がったときなどにコーチの指示をあおぐようにしよう。

浅いフライが上がったらハーフウェイまで進む。フライがキャッチされたら帰塁し、落ちたら本塁へ突入するが、基本的に自分で判断できるように経験を積んでいこう。

本塁へのスライディングのしかた

ベースを通過して
その先まで滑るイメージ！

タイミングを見極め、空いたスペースに真っすぐ足を入れる。

POINT CHECK!

空いたスペースに足を入れる

ルール上では、キャッチャーはブロックする場合でもベースの一角を空けていなければならない。真っすぐ足を入れられるくらいのスペースがあって、タイミング的にも間に合うと判断したら、ストレートスライディングで空いたスペースに伸ばしたほうの足を入れるようにしよう。

ベースを駆け抜けられない場合は滑り込む

二塁からヒットでホームを突く場合をはじめ、一塁から長打で、三塁から内野ゴロや浅めの外野フライでタッチアップなどのケースでは、ホームでクロスプレーになることも多い。余裕があればベースを駆け抜ければいいが、タイミングが微妙でキャッチャーがタッチにくる場合はスライディングしなければならない。本塁へのスライディングでも基本になるのは、もっとも早くベースに到達できるストレートスライディング。次の塁をねらうことはないのでポップアップする必要はなく、立ち上がるときより少し上体を寝かせて、少しでも早くベースに到達できるようにしよう。勢いとしては、ベースを通過してその先まで滑る感覚だ。

本塁へストレートスライディング

スライディング！
ストレートスライディングを選択！
1
ベースの手前で
滑り始める！
2
3

▶キャッチャーの位置や味方の指示を見て走る。

ベースが空いている状況ならばそのまま滑り込む。

◀キャッチャーのタッチよりも早くベースに到達する。

回り込むスライディングのしかた

バックホームの送球が左右どちらかにそれた場合は、その方向と逆に回り込むことで、タッチをかいくぐる。

キャッチャーのブロックをかいくぐったり、タッチにきたグラブをかわすように手でベースに触れれば、アウトのタイミングでもセーフになる可能性が高くなる。

外側から回り込んで手でベースタッチ

キャッチャーがベースの前に構え、ベースのほとんどをカバーしているような場合には、ストレートスライディングしてもキャッチャーに足があたってブロックされ、タッチアウトになってしまう。こういったケースではキャッチャーの背後に回り込んで、手でベースタッチする方法を選択しよう。

本塁へ滑り込む場合は、送球されたボールを見るのではなく、キャッチャーの視線や体の向きで判断すれば、その背後をとることができるはずだ。また、二塁や三塁にスライディングするときと違い、ベースには一度触れればあとは離れてしまって構わないので、一瞬だけ手を伸ばしてベースに触れ、キャッチャーのタッチをかいくぐろう。

POINT CHECK!

ヘルメットや捕手の装具類は必ず用意しよう

ヘルメットや捕手のレガースなどは、かつて軟式野球では着用しなくてもよい大会が多かった。しかし現在では『(財)軟式野球連盟規則』により、打者・次打者・走者のヘルメット着用、捕手のマスク・捕手用ヘルメット・プロテクター・レガースの着用が義務づけられている。公認大会はもちろん、地方の大会等でも着用の規則を設けているところが多いので、必ず用意するようにしよう。
ちなみに捕手用以外のヘルメットは片側もしくは両側にイヤーフラップ(耳あて)がついているものを着用するが、少年野球では両側についたものを着用しなくてはいけない(学童部はベースコーチも)。

1

右へ！
回り込む
スライディングを選択！

ストレートスライディングではタイミング的にアウトの可能性が高いと判断する。

2

ベースの横をすり抜けていくように滑り込む。

3

手を伸ばしてベースタッチ！

キャッチャーのタッチをかいくぐってセーフイン。

●モデル紹介

風間孝一郎
（かざま こういちろう）

茗溪学園高卒
ピッチャー
右投右打

石川賢美
（いしかわ まさよし）

市立千葉高卒
キャッチャー
右投右打

秦 将司
（はた まさし）

海星高卒
ファースト
右投右打

黒田直樹
（くろだ なおき）

明大明治高卒
セカンド
右投右打

広田達也
（ひろた たつや）

秦野高卒
サード
右投右打

川原健司
（かわはら けんじ）

市立稲毛高卒
ショート
右投右打

市丸 健
（いちまる けん）

光陵高卒
ショート
右投右打

竹林 憂
（たけばやし ゆう）

市立稲毛高卒
外野手
左投左打

桐野 豪
（きりの ごう）

横浜翠嵐高卒
外野手
右投右打

岡澤祐介
（おかざわ ゆうすけ）

千葉東高卒
外野手
右投右打

●監修者

山本 健（やまもと たけし）

1947年生まれ。66年に全東京電力野球部に投手として入部。以降10年間、全電力野球大会で4度の優勝、全日本実業団大会で3度の3位を収めるなど、中心選手として活躍した。82年より全東京電力野球部監督に就任。全電力野球大会3連覇、全日本実業団大会準優勝に導く。監督退任後は世界少年野球大会、アジア野球連盟主催のベースボールクリニック、オリンピックアジア選手権、世界女子野球大会などで各国チームへの技術指導・支援活動を精力的に行い、アジア・アフリカ各国の野球連盟からベースボールクリニックの要請を受けている。

●撮影協力

明治大学軟式野球部

1961年に創部、同年に設立された東京六大学軟式野球連盟に所属し、硬式野球部同様に六大学リーグ戦でつねに上位の成績を収める学生軟式野球の名門チーム。2007年までに、リーグ戦では春12回、秋11回優勝。全日本大学軟式野球選手権では優勝2回、準優勝2回、東日本大学軟式野球選手権大会では優勝1回、準優勝2回という成績を収めている。伝統的に監督がいなく、キャプテンが中心になってチーム作りをしており、自主性を重んじた活動をしているのが特徴。

●撮影協力／明治大学軟式野球部
●執筆協力／飯田達哉
●写真撮影／木鋪虎雄・富士渓和春
●本文デザイン／志岐デザイン事務所（熱田　肇）

基本を極める！ 軟式野球

2009年12月26日 発行
監　修 山本　健
発行者 佐藤龍夫
発　行 株式会社 大泉書店
住 所 〒162-0805 東京都新宿区矢来町27
電 話 03-3260-4001（代）
FAX 03-3260-4074
振 替 00140-7-1742
印刷 図書印刷株式会社
製本 株式会社明光社

落丁、乱丁本は小社にてお取替えいたします。
本書の内容についてのご質問は、ハガキまたはFAXにてお願いいたします。

URL http://www.oizumishoten.co.jp/
ISBN 978-4-278-04907-7 C0075 R38